VAUBAN

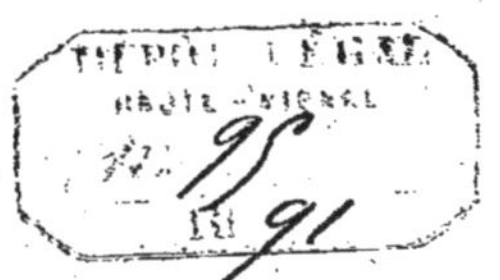

VAUBAN.

VAUBAN

CHAPITRE PREMIER.

I

Un jour de l'année 1653, c'est-à-dire vers la fin des guerres de la Fronde, on voyait entrer dans le camp de l'armée royale, en Champagne, une troupe de dragons escortant des prisonniers à pied et désarmés. A quelques pas de la troupe, chevauchait, le pistolet au poing et le sabre au flanc, un jeune cavalier, prisonnier de guerre également, mais qui ne s'était rendu aux soldats du roi qu'à la condition que les honneurs de la guerre lui seraient accordés. Ce prisonnier s'appelait Vauban.

Conduit devant Mazarin, qui se trouvait alors à l'armée, le cardinal lui dit avec sévérité : « Vous n'ignorez pas, Monsieur, qu'un arrêt du Parlement condamnera à mort le prince de Condé et ceux de son parti? » — Le jeune homme répondit par un signe de tête affirmatif. — « Puisque vous le savez, continua le cardinal, vous ne serez pas surpris si je vous remets aux mains du prévôt chargé de la justice. Allez, Monsieur, je vais donner mes ordres. » Vauban sortit sans faiblesse, comme sans arrogance, mais s'attendant plutôt à être pendu qu'à tout autre chose. Cependant, le soir même, il fut ramené près de Mazarin, et le cardinal après avoir flétri la conduite du prince de Condé qui entraînait, dans sa révolte contre son roi, de braves et honnêtes gens, lui offrit de prendre du service dans l'armée royale. Vauban, surpris, mais très satisfait de cette proposition, accepta et s'entretint alors assez longuement avec le premier ministre. « Je sortis, dit-il plus tard lui-même, dûment confessé et converti par le cardinal. »

Quelle était la raison qui, dans la même journée, avait motivé un revirement aussi favorable au jeune prisonnier? Quelques mots d'explication vont nous la donner.

Peu de temps auparavant, le régiment de Condé-Infanterie assiégeait la ville de Sainte-Menehould, lorsque, au moment de l'assaut, un bas-officier (1) se jeta à la nage, sous le feu des assiégés, dans la rivière l'Aisne, et alla porter un ordre sur la rive opposée, au milieu d'une véritable grêle de balles, excitant par son audace l'admiration même des ennemis. Ce bas-officier

____

(1) On donnait alors ce nom aux sous-officiers.

n'était autre que Vauban et le trait de courage de Sainte-Menehould était parvenu aux oreilles de Mazarin, qui s'en était souvenu et avait résolu d'attacher au service du roi un aussi vaillant serviteur.

Sébastien Vauban avait alors vingt ans. Né le 5 mai 1633, à Saint-Léger-du-Fougeret, petit village du Morvan, il était fils d'Urbain le Prestre, petit gentilhomme sans fortune et d'Aimée Carmignolt.

La maison où il était venu au monde ne se distinguait en rien des plus misérables du bourg. Le père et grand-père de Vauban, dont la famille avait autrefois possédé d'assez grands biens dans le pays, s'étaient, comme beaucoup de gentilshommes alors, ruinés au service du roi, et en quittant l'armée, avaient dû prendre la charrue, pour assurer l'existence de leur maison.

Tout enfant encore, Vauban perdit sa mère, et il avait à peine dix ans quand son père mourut, le laissant seul au monde, sans soutien et sans ressources, car les créanciers s'emparèrent aussitôt du petit domaine pater-nel. L'orphelin fut alors recueilli par le curé du village, l'abbé Fontaine, qui lui donna asile dans son humble presbytère, où il s'efforça de lui créer un nouveau foyer.

Le digne prêtre qui, très probablement, avait dû commencer déjà l'éducation du jeune Le Prestre, s'appliqua donc à la continuer, lui apprenant tout ce qu'il savait lui-même en belles lettres et, chose assez rare chez un ecclésiastique, en mathématiques, en architecture et même en fortification. Est-ce de cette époque que date la vocation d'ingénieur de Vauban? Probablement. Dans l'éloge du maréchal, qu'il prononça à l'Académie des sciences en 1709, Fontenelle (1) dit que «la première place forte que vit Vauban le créa ingénieur. » Nous sommes tenté de croire que cette vocation remontait plus loin que ne le dit Fontenelle, et qu'il faut l'attribuer au modeste curé de campagne, près duquel Vauban recueillit ses premières connaissances scientifiques. Le fait suivant semble, du reste, venir à l'appui de cette opinion.

Vauban (2) venait d'atteindre sa dix-huitième année; depuis le jour où le curé de Saint-Léger l'avait recueilli chez lui, il n'avait cessé de s'instruire, alternant ses études avec les soins du jardin et de l'écurie du presbytère, dont il s'était chargé, pour soulager son bienveillant précepteur; mais le moment était venu de choisir une carrière. L'abbé Fontaine connaissait justement un gentilhomme du voisinage, le comte d'Arcenay, qui commandait une compagnie dans le régiment de Condé-Infanterie; il conseilla à son élève d'aller demander du service au capitaine et lui mettant dans la main une bourse renfermant sept écus de six livres, il l'accompagna jusqu'aux limites de sa paroisse et l'embrassa avec des larmes dans les yeux en le quittant et en lui faisant ses dernières recommandations.

L'hiver de 1651 était fort rude et le capitaine d'Arcenay tenait alors garnison dans les Flandres, c'est-à-dire loin du pays de Vauban, qui, un sac de grosse toile sur le dos

---

(1) Fontenelle, littérateur français, neveu de Corneille, né en 1657, mort en 1757.

(2) Le nom de Vauban lui avait été donné par le curé de Saint-Léger, de celui d'une seigneurie possédée autrefois par sa famille, et depuis lors, ce nom lui resta et devint illustre par lui.

et un bâton noueux à la main, dut franchir à pied, malgré la rigueur de la saison, la distance qui le séparait du régiment de son capitaine. Il était coiffé, a-t-il raconté lui-même plus tard, d'un chapeau à larges bords, dont un des côtés, relevé par une ganse de velours, lui donnait un certain air de crânerie; son habit à la française, aux boutons d'acier, avait été taillé, ainsi que ses culottes courtes, dans de gros drap gris, par le tailleur de Saint-Léger-du-Fougeret; un vaste gilet rouge tranchait vivement sur l'ensemble terne du vêtement. Aux pieds, de lourds souliers ferrés avec de grosses guêtres montant jusqu'au-dessus de la cheville.

Arrivé au régiment, le jeune volontaire eut à subir une sorte d'examen sommaire, de la part de l'officier auquel il était recommandé, et il nous apprend lui-même, dans l' « *Abrégé de ses services* » qu'il rédigea par la suite, qu'une de ses réponses fut « qu'il avait une assez bonne teinture des mathématiques et des *fortifications*, et qu'il ne dessinait d'ailleurs pas mal. » Cette déclaration de Vauban lui-même semble donc bien indiquer qu'il avait dès lors acquis, auprès de son unique précepteur, l'abbé Fontaine, certaines notions de fortification qui, si elles ne l'avaient pas créé déjà ingénieur, l'avaient du moins quelque peu préparé à le devenir.

II

Le capitaine d'Arcenay accepta Vauban dans sa compagnie et sur le consentement écrit qu'il donna, il ajouta, en regard du nom du nouveau-venu, le mot *robuste*. Ce fut la première note de Vauban et la seule qui, de cette époque de sa vie, soit parvenue jusqu'à nous. Cependant, il est hors de doute que Vauban ne fît, de suite, un excellent soldat, car il franchit rapidement les premiers grades de la hiérarchie; nous le trouvons, en effet, sergent à Clermont-en-Argonne, en 1652 et, en outre, chargé de travaux spéciaux aux fortifications de cette ville que Condé faisait alors relever. Vauban s'occupa de cette mission spéciale de la manière la plus parfaite, et fut dès lors considéré comme un des ingénieurs de place de l'armée de M. le Prince. Aussi, lorsque le régiment de Condé reçut, l'année suivante, l'ordre d'attaquer Sainte-Menehould, le jeune sergent fut-il chargé des travaux d'approche du siége et s'en acquitta à son plus grand honneur. Ce fut alors qu'il accomplit l'action d'éclat rapportée au commencement de ce récit et qui fit connaître son nom jusque dans les rangs de l'armée royale.

« Cette action, raconte Vauban, me fut imputée à grand honneur et m'attira beaucoup de caresses de la part de mes officiers. On voulut me faire enseigne dans le régiment, mais je remerciai, sur ce que je n'étais pas en état d'en soutenir le caractère. » Que doit-on penser de cette déclaration de Vauban? Doit-on croire, comme il le dit, qu'il refusa le grade d'officier qui lui était offert, en récompense de ses brillants services, parce que sa situation de fortune ne lui permettait pas d'en soutenir le rang? Avec la plupart des historiens de Vauban, nous ne le pensons pas, le motif de ce refus est tout autre et le voici à n'en pas douter:

Au fond de son village de Morvan, l'abbé Fontaine
devait être fort peu au courant des choses de la politique.
En ce temps-là, il n'y avait ni journaux, ni télégraphes,
ni communications faciles d'aucune sorte avec Paris, et
les querelles du prince de Condé avec le cardinal de
Mazarin avaient dû laisser fort indifférent le brave curé
de Saint-Léger. Aussi adressa-t-il son élève à un officier
du régiment de Condé, avec autant de confiance qu'il
l'eût fait pour un officier de tout autre régiment. Ce ne
fut donc qu'une fois incorporé, que Vauban put se rendre compte de sa situation, c'est-à-dire s'apercevoir qu'il
servait parmi les ennemis du roi. Tant que la lutte fut
circonscrite entre l'armée de Condé et les troupes
royales, la chose n'avait encore rien de trop anormal,
car ces guerres de la Fronde ne furent, en réalité, que
les guerres de Condé contre Mazarin. Mais, lorsque
Condé eut appelé à son secours les Espagnols, le caractère de la lutte s'aggrava singulièrement. Ce n'était plus
seulement contre Mazarin que combattaient Condé et
les siens, c'était bien réellement contre leur roi et contre
leur pays.

Avec le sens éminemment droit dont il était doué,
Vauban comprit de suite la délicatesse de sa situation :
s'il continuait à servir sous Condé, il était rebelle à son
roi et à son pays, et, d'autre part, s'il abandonnait ses
compagnons d'armes, au moment même où la guerre
devenait plus dangereuse, il serait taxé de lâcheté et de
félonie. Dans cette alternative, Vauban résolut d'attendre que les événements vinssent à son secours; mais,
d'ores et déjà, il refusa de compromettre davantage sa
situation, en acceptant le grade d'officier dans l'armée

rebelle. Il resta donc sous-officier et demanda à passer dans la cavalerie, avec le grade de *maître-grade* qui jouissait alors d'une considération plus grande que celui de sergent d'infanterie.

Quelque temps après, Vauban était fait prisonnier dans les circonstances que nous avons rapportées; et Mazarin, qui se connaissait en hommes, l'attachait à l'armée royale en qualité d'officier, situation que Vauban, cette fois, se gardait bien de refuser comme il l'avait fait, quelques mois auparavant, dans l'armée de Condé.

III

Dans l'armée royale, Vauban, dont les aptitudes spéciales aux travaux de fortification n'étaient point inconnues de Mazarin, fut adjoint au chevalier de Clerville qui était alors le premier officier de France, dans l'art de défendre et d'attaquer les places et qui portait le titre de commissaire général des fortifications du royaume.

Le chevalier de Clerville était d'un caractère difficile, et Vauban eut fort à en souffrir dans ses premiers rapports avec lui; d'humeur jalouse, animé de prétentions exclusives, opiniâtre dans ses résolutions et surtout très convaincu de sa supériorité, il témoigna, dès le début, une certaine hostilité au jeune officier qui lui était adjoint et dans lequel, peut-être, il pressentait déjà un rival. Mais, comme le fait remarquer justement un des biographes les plus autorisés de Vauban, le général Ambert, « ce début difficile eut l'avantage d'imprimer

MOUSQUETAIRES SOUS LOUIS XIV. (P. 17.)

aux travaux du jeune officier une parfaite régularité, de
le rendre prudent, modeste et réservé. L'autorité lui
apparut tout d'abord sous sa forme la moins aimable.
Depuis cette époque, le joug lui sembla léger. »

Les troupes royales mirent alors le siége devant Sainte-
Menehould, dont l'armée de Condé s'était emparé quelque temps auparavant, dans les circonstances racontées
plus haut. Vauban fut chargé, sous la direction du chevalier de Clerville, des travaux d'attaque. C'était la seconde fois qu'il dirigeait les opérations d'attaque de cette
place ; aussi s'en acquitta-t-il à la plus grande satisfaction de ses chefs et Sainte-Menehould fut enlevé sans de
trop grandes difficultés pour les assiégeants.

Quelque temps après, Fabert alla mettre le siége devant Stenay et Vauban fut encore chargé des travaux
d'attaque, sous la direction supérieure de M. de Clerville. Il venait alors de recevoir une commission de lieutenant dans le régiment de Bourgogne-Infanterie, mais
il n'en continuait pas moins à être attaché au service des
fortifications. Ce fut pendant ce siège que le jeune officier
reçut le baptême du sang. Dans une sortie des assiégés,
Vauban fut, en effet, blessé assez grièvement, pour être
obligé d'interrompre son service pendant plusieurs
jours; mais à peine guéri, il voulut rejoindre son poste
aux côtés du chevalier de Clerville. Il reçut alors une
seconde blessure, mais celle-ci, heureusement, sans
gravité.

Après la prise de Stenay, le chevalier de Clerville
étant tombé malade, Vauban fut chargé de la direction
du siége de Clermont-en-Argonne que l'armée royale
venait d'investir. On a vu précédemment que pendant

qu'il servait dans l'armée de Condé, Vauban avait été chargé de relever les fortifications de cette petite place, dont M. le Prince voulait faire un de ses centres d'opérations. Ce fut donc son propre ouvrage que le jeune officier fut chargé cette fois d'attaquer. Nous aurons du reste souvent, au cours de la longue carrière militaire de Vauban, à le voir attaquer et reprendre des places qu'il avait lui-même fortifiées. La place de Clermont capitula au bout de peu de jours, et quelque temps après, pour le récompenser de ses services, Louis XIV conféra à Vauban le titre d'ingénieur du roi.

Ce titre, ou plutôt cette commission, ne donnait aucun grade dans l'armée; tout en remplissant ses fonctions spéciales, l'ingénieur continuait à compter et même à faire son service dans le régiment auquel il appartenait; et nous verrons ainsi Vauban, nommé ingénieur, alors qu'il n'était que simple lieutenant d'infanterie, continuer à remplir les mêmes fonctions, quand il sera devenu officier général et même maréchal de France.

IV

Vauban avait alors vingt-deux ans à peine et déjà il occupait dans l'armée une place des plus distinguées : il suppléait dans les fonctions importantes dont celui-ci était investi le chevalier de Clerville, « l'ingénieur le plus renommé de ce temps. » Ce fut ainsi qu'il fut chargé de l'attaque de la place de Landrécies, dans les Flandres, où la guerre avec les Espagnols se trouva ensuite transportée.

L'armée royale était alors sous les ordres de Turenne et Vauban profita de la bonne fortune qu'il avait de servir sous un tel chef, pour acquérir les connaissances tactiques et stratégiques que le célèbre capitaine possédait à un si haut degré. Turenne, du reste, avait de suite deviné en Vauban, malgré la jeunesse de celui-ci, un homme de mérite particulier et il ne dédaignait pas de prendre, au besoin, ses conseils. Ainsi, après la prise de Landrécies, les Espagnols s'étant retirés par la rive droite de l'Escaut, Turenne feignait de les poursuivre par la rive droite de la Sambre qu'il remontait, lorsqu'arrivé près de Maubeuge, il changea subitement de direction et marcha pour les arrêter, sur la Capelle, point de jonction des deux routes de Flandre et de Picardie. Ce que voyant, l'ennemi se retrancha derrière la rivière la Haine. Turenne se rapprocha alors des Espagnols avec l'intention de les attaquer; mais Vauban, qu'il consulta, à cet effet, fut d'un avis contraire et le maréchal lui donna raison, en s'éloignant dans la direction de la ville de Condé, qu'il prit en trois jours, ainsi que la place de Saint-Guillain, dont Vauban dirigea également les travaux d'approches et qui fut prise de même, presque sans coup férir.

Turenne mit ensuite le siége devant Valenciennes, avec une armée de 25,000 hommes. Don Juan d'Autriche, qui commandait l'armée espagnole avec 20,000 hommes sous ses ordres, concentra alors ses forces à Douai; puis, après quelques jours de repos, il s'avança jusqu'à demi-portée de canon des lignes françaises et se retrancha

fortement entre l'Escaut et un de ses affluents, la Rho-
nelle. Turenne, qui avait chargé le maréchal de la Ferté
de couvrir ce côté de la place, continua le siége, sans
songer à livrer bataille à l'armée espagnole, ce qui donna
le temps à celle-ci de surprendre le corps du maréchal
de la Ferté et de lui enlever ses positions. Turenne ac-
courut au bruit du combat; mais il était trop tard : les
troupes de la Ferté étaient en pleine déroute et l'ennemi
avait rétabli ses communications avec la place assiégée.
En outre, le maréchal de la Ferté était tombé aux mains
des Espagnols et la journée nous coûtait 4,000 hommes.

Si nous donnons tous ces détails, auxquels le nom de
Vauban ne paraît point se trouver mêlé, c'est que, justement, si l'on avait suivi les conseils donnés par celui-
ci, le désastre du corps du maréchal de la Ferté ne se
serait pas produit. Lorsque Turenne avait chargé le maréchal de ce côté de la défense des abords de Valenciennes, celui-ci avait fait élever une chaussée entre ses
positions et celles de Turenne, se mettant ainsi dans la
presque impossibilité de se venir mutuellement en aide,
si l'ennemi parvenait à occuper cette chaussée ou à la
détruire par l'inondation. Vauban avait proposé, pour
relier les deux camps français, de construire un simple
pont sur pilotis, beaucoup plus facile à défendre et à
reconstruire en cas de destruction; mais son avis ne fut
pas écouté et l'on a vu quelle catastrophe en résulta
pour l'armée française.

Turenne fut obligé de battre en retraite sur le Ques-
noy, pendant que le prince de Condé s'emparait de la
ville de Condé, prise par Vauban un mois à peine aupa-

ravant. Vauban, qui avait été blessé devant Valenciennes et qu'on avait dû transporter à Condé, s'y trouvait
encore, lorsque l'armée de M. le Prince vint l'assiéger.
Malgré sa blessure dont il souffrait encore beaucoup, il
se faisait transporter sur les remparts et donnait des ordres pour la construction de nouveaux ouvrages et la ré-
paration des anciens; mais la place avait été tellement
dégarnie de vivres et de munitions, qu'après quinze
jours d'investissement elle dut capituler.

Vauban, en profond observateur qu'il était, savait profiter des fautes qu'il voyait commettre sous ses yeux
pour parfaire son instruction personnelle dans l'art de
la guerre. Il prenait des notes sur les événements dont
il était le témoin, et, plus tard, lorsqu'il publiera un de
ses ouvrages les plus remarquables : *Le mémoire pour
servir d'instruction dans la conduite des siéges,* nous le
verrons reprendre, une à une, toutes les opérations de
ce malheureux siége de Valenciennes et en faire une
critique des plus judicieuses : « Il n'est pas concevable,
dit-il, combien les Français commirent de fautes au
siége de Valenciennes; jamais lignes ne furent plus mal
faites et plus mal ordonnées, et jamais ouvrage plus mal
imaginé que la digue à laquelle on travailla prodigieu-
sement pendant tout le siége et qui n'était pas encore
achevée, lorsqu'on fut obligé de le lever..... Enfin,
comme si l'on eût appréhendé de ne pas avoir ainsi
failli, on eut l'imprudence de dégarnir tellement la ville
de Condé de toutes les munitions, qu'un mois après la
levée du siége de Valenciennes, cette place, pour lors le
plus beau poste que le roi avait dans les Pays-Bas, fut
contrainte de se rendre par la famine à un ennemi

qui par d'autres voies n'eût peut-être pas osé la regarder. »

Après sa guérison, Vauban, qui avait été vivement apprécié par le maréchal de la Ferté, sans doute à cause de sa juste manière de voir dans la déplorable affaire de Valenciennes, fut appelé par celui-ci à prendre part, sous ses ordres, au siége de Montmédy. Après une faible résistance, la place se rendit; mais les Espagnols se retirèrent dans la citadelle qui, entourée de rochers, constituait une position beaucoup plus forte, et il fallut entreprendre un second siége. Le chevalier de Clerville dirigeait en chef les travaux d'attaque, sous les yeux mêmes de Louis XIV qui venait presque tous les jours encourager les troupes par sa présence. Le siége fut très long et très meurtrier; on perdit plus de 2,000 hommes, pendant les 45 jours qu'il dura. Enfin, la citadelle tomba entre les mains des troupes royales, après une série de travaux véritablement extraordinaires : « Elle pouvait être prise en 15 jours, si elle avait été bien attaquée, a dit Vauban, dont M. de Clerville, toujours jaloux et orgueilleux, s'était bien gardé de suivre les méthodes sûres et rationnelles. Au cours de ce siége, Vauban n'avait pas reçu moins de trois blessures, toutes trois heureusement sans gravité. Le maréchal de la Ferté, pour récompenser le jeune ingénieur de ses brillants services, lui donna à cette époque le commandement d'une compagnie dans son propre régiment. On était alors au milieu de l'année 1657 et il y avait à peine 6 ans que l'élève du curé de Saint-Léger-du-Foucheret avait quitté son village, sac au dos et le bâton à la main.

Un des historiens de Vauban, M. de Chambray, a écrit

à ce sujet : « Quelques brillants qu'eussent été les débuts de Vauban dans la carrière des armes, il eût langui sans doute dans les rangs inférieurs, s'il ne se fût trouvé, ce qu'assurément il ne cherchait point, un homme puissant qui lui servit de protecteur : cet homme fut le maréchal de la Ferté. » Cette opinion nous paraît exagérée. A cette époque, Vauban avait déjà une réputation à laquelle la protection du maréchal de la Ferté ne pouvait certainement ajouter grand'chose. Il était particuliérement estimé de Mazarin, et Turenne le considérait déjà comme « son ingénieur; » enfin, le siége de Montmédy venait de lui procurer l'occasion de faire valoir ses services sous les yeux mêmes de Louis XIV, et l'on sait que le grand roi se connaissait en hommes. En nommant Vauban capitaine dans le régiment de la Ferté, le maréchal montra surtout — chose assez rare, il faut le reconnaître — qu'il lui savait gré de lui avoir donné à Valenciennes un conseil qu'il n'avait pas suivi, mais qui pouvait le sauver. Le fait vaut la peine d'être constaté, car il est tout à l'honneur de M. de la Ferté; mais, il ne faut pas aller plus loin et, contrairement à M. de Chambray, nous pensons que, même sans l'intervention du maréchal, Vauban fût devenu ce qu'il est devenu, c'est-à-dire l'une des plus grandes illustrations militaires de la France.

Ce qui montre, d'ailleurs, combien Vauban était estimé dès cette époque, c'est que quelques semaines après la prise de Montmédy, Turenne qui venait de reprendre les hostilités en Flandre, appela Vauban auprès de lui pour mettre le siége devant Mardyck, non loin de Dunkerque. Il fit ouvrir la tranchée le 30 septembre et, le 3 octobre, la place capitulait. Vauban fut ensuite chargé par Turenne d'augmenter les défenses de Mardyck; puis, au printemps de 1658, il l'appela de nouveau auprès de lui, pour assiéger Gravelines.

Vauban avait alors 25 ans et il fallait que Turenne eût en lui une bien grande confiance, pour lui confier la direction en chef d'une opération militaire aussi importante que le siége d'une place comme Gravelines. Située dans une très forte position, ayant ses approches couvertes par des inondations et défendue par une garnison de 3,000 hommes, Gravelines présentait, en effet, des obstacles beaucoup plus sérieux que ceux rencontrés jusqu'alors par Vauban, comme ingénieur en chef. La tranchée fut ouverte le 19 octobre et jusqu'au 25, jour de la reddition de la place, Vauban ne quitta pas un seul instant les travaux d'approche; dormant dans la tranchée, mangeant en marchant et combattant lui-même à la tête des assiégeants à l'attaque des chemins couverts, Turenne dut même lui reprocher amicalement sa témérité et lui recommander de se ménager.

La prise de Gravelines fut particulièrement glorieuse pour Turenne, comme pour Vauban; elle précéda de peu la conclusion de la paix des Pyrénées, qui fut signée le 7 novembre de l'année 1659, et par laquelle la France recevait le Roussillon, la Cerdagne, l'Artois et de nombreuses places frontières en Luxembourg, en Hainaut et en Flandre. En outre, Louis XIV épousait l'infante d'Espagne Marie-Thérèse, et Condé rentrait en grâce avec tous les biens et tous les honneurs qu'il possédait avant sa rebellion.

Après la signature de la paix, Mazarin qui savait

quelle part brillante Vauban avait prise aux campagnes
de Turenne et du maréchal de la Ferté, le fit appeler au
quartier du roi et le reçut avec la plus grande affabilité.
« Le cardinal me gracieusa fort, dit Vauban, et, quoique
naturellement peu libéral, me donna une honnête gratification et me flatta de l'espoir d'une lieutenance aux
gardes. »

CHAPITRE II

La fortification avant Vauban. — Révolution opérée dans l'art militaire par la découverte de la poudre à canon. — La fortification et la guerre de siéges chez les Grecs et chez les Romains. — Les premiers canons. — Modifications importantes apportées dans l'attaque et dans la défense des places. — Suppressions des tours et inventions des bastions. — La fortification bastionnée. — Conséquences de cette nouvelle méthode. — Là fortification sous Henri IV et sous Louis XIII. — Les prédécesseurs de Vauban : Erard de Bar-le-Duc, Pagan, Ville. — Opinion de Carnot sur Vauban.

I

La paix des Pyrénées donna à la France un repos de six années; mais ces six années ne furent pas stériles pour Vauban. Mazarin étant mort, et Louis XIV avait pris lui-même en mains les rênes du gouvernement « ce qui lui donna, dit-il dans ses mémoires, une peine incroyable. » L'administration de la guerre et celle de la marine, desquelles dépendaient les forteresses du royaume, fut partagée entre Louvois et Colbert. Louvois, en sa qualité de secrétaire d'Etat à la guerre, réunit aux travaux des armées et des siéges, ceux des nouvelles frontières données à la France par le traité des Pyrénées : en Artois, en Flandre, en Hainaut, sur la Meuse, sur les Alpes et dans le Roussillon. Colbert, comme commissaire général de la marine, eut dans ses attributions toutes les frontières maritimes du royaume et, en outre, les anciennes frontières terrestres de Picardie, de Champagne, des Trois-Evêchés (Metz, Toul et Verdun), de Bourgogne, d'Alsace et de Languedoc.

L'armée avait été considérablement réduite par le licenciement de la moitié des compagnies; mais on avait conservé dans les corps le plus d'officiers qu'il avait été possible et, comme on le pense bien, Vauban était du nombre de ceux-ci; sa compagnie ne fut d'ailleurs pas licenciée, mais il n'en conserva pas longtemps le commandement effectif, car, dès le mois de juin 1660, il était chargé d'importants travaux en Lorraine.

Mais, avant d'aller plus loin dans la carrière de Vauban, il nous paraît indispensable, pour l'intelligence de ce qui va suivre, de donner au lecteur quelques détails sur l'état de la fortification en Europe, au moment où Vauban vint, pour ainsi dire, la révolutionner, en même temps que les notions techniques élémentaires qu'il est nécessaire de posséder pour lire avec fruit les chapitres suivants.

II

L'apparition sur les champs de bataille de la poudre à canon, découverte par les Chinois, vers le milieu du XIIIe siècle et introduite en Europe dans les premières années du XIVe, amena dans l'art militaire une révolution complète. Cette révolution ne se fit pas tout d'un coup; elle eut une succession de phases correspondant à chacun des perfectionnements apportés dans l'emploi du nouvel engin de guerre. Les méthodes anciennes de combat durent être abandonnées, et ce fut surtout dans la guerre de siéges que les effets de cette révolution se firent le plus sentir, par l'emploi des nouvelles armes : canons, mortiers, etc., employées à l'attaque comme à la défense des places.

Jusqu'à l'invention de la poudre, les armes dont se servaient les combattants avaient peu varié. Dans les siéges, les anciens se servaient comme les guerriers du moyen âge de machines mobiles, les unes destinées à protéger les assaillants contre les coups des assiégés, les autres lançant des projectiles sur ceux-ci, ou ébranlant les murailles de la ville investie.

Chez les Grecs, par exemple, Xénophon (1) nous apprend que l'on commençait par établir une ligne de circonvallation, fermant toutes les issues de lâ place et consistant tantôt en travaux de maçonnerie, tantôt en palissades, quelquefois même en fossés munis de glacis, c'est-à-dire de talus en pente douce et unie. L'investissement suffisait alors souvent pour amener la ville à capituler. Parfois aussi, pour éviter les longueurs d'un blocus, on tentait d'escalader les murailles ou de briser les portes de la ville. Enfin, quand la place résistait à ces deux moyens et qu'on était obligé de faire un siége régulier, ce siége consistait en deux opérations principales : se créer un passage à travers les murailles, puis pénétrer dans la ville par cette ouverture.

Pour obtenir le passage dans la muraille, on disposait de trois moyens : 1° en pratiquant une brèche; 2° en

____

(1) Xénophon, historien militaire grec et en même temps chef de guerre, dirigea la fameuse *Retraite des dix mille*, dont il écrivit ensuite le récit.

élevant un terrassement ou une tour jusqu'à la hauteur du rempart; 3° enfin, en minant le rempart.

Pour creuser la brèche dans la muraille, on se servait du *bélier*, sorte d'énorme poutre, maniée dans l'origine à bras d'homme, et ensuite établie sur une base roulante, et abritée par un toit, avec laquelle on battait la maçonnerie des murs, jusqu'à ce qu'un éboulement y donnant accès se fût produit.

Les murailles étaient, la plupart du temps, construites en pierres, quelquefois en briques; leur hauteur était fort variable, ainsi que leur largeur. Les murs du Pirée (1), par exemple, étaient assez larges pour laisser passer deux chars de front. Ces murs étaient couronnés de créneaux d'une épaisseur de quelques pieds seulement, pour permettre aux défenseurs de se mouvoir librement derrière eux. De distance à distance, ordinairement à une portée de flèche, s'élevaient des tours formant sailli dans le mur et au-dessous desquelles les portes étaient généralement percées. L'usage du fossé creusé en avant des murailles n'était pas général. Pour amortir les coups du bélier, les assiégés suspendaient du haut du mur des sacs remplis de sable, de paille ou de laine, ainsi que des nattes de roseau; ou bien encore, de l'intérieur de la place, on perçait le mur et on opposait au bélier de l'assiégeant un bélier plus fort qui brisait celui-ci.

En même temps qu'ils cherchaient à s'ouvrir un passage dans la muraille, l'assaillant essayait de s'en rendre maître sur d'autres points, en élevant des terrassements

(1) Le Pirée, port d'Athènes.

jusqu'à hauteur des créneaux, ou en faisant approcher jusqu'au mur des tours en bois, construites à quelque distance de là, à l'abri des coups de l'assiégé. Des luttes corps à corps se produisaient alors, sur le rempart même, entre les défenseurs de la ville et les assiégeants. Enfin, concurremment à la brèche, aux terrassements et aux tours, on avait encore recours aux mines ou galeries souterraines, qui avaient le mérite de ne pas attirer l'attention des assiégés et qui permettaient, quand celui-ci ne s'en apercevait pas à temps, de pénétrer dans la ville, presque sans coup férir. Pour se défendre contre les mines, l'assiégé creusait des contre-mines, ou bien pratiquait en dehors du mur d'enceinte un fossé profond, coupant la galerie des mineurs et construisait ensuite un mur assez fort pour l'arrêter.

Tels étaient, chez les Grecs, les moyens en usage pour l'attaque et la défense des villes. Les Romains apportèrent à ces moyens primitifs des perfectionnements qui ne furent guère dépassés ensuite, jusqu'à l'invention de la poudre. Avec ce peuple, doué à un si haut degré des grandes qualités militaires, les travaux de siége devinrent méthodiques et réguliers; le caprice des chefs et le hasard des circonstances cessèrent de jouer le principal rôle dans ces expéditions : l'art de la guerre était créé.

III

Les Romains s'emparaient des villes de trois manières : 1° par une attaque de vive force, en comblant les fossés, brisant les portes ou renversant les murailles.

2° Quand cette attaque soudaine n'était pas possible, la ville était complètement investie ou bloquée, au moyen d'une ligne de circonvallation, sorte de retranchement continu qui reliait entre elles toute une série de redoutes palissadées. Cet investissement suffisait souvent pour prendre les villes les mieux fortifiées, lorsque celles-ci, privées de toute communication avec le dehors, n'avaient pas d'approvisionnements suffisants pour tenir pendant longtemps. La ville d'Alésia, défendue par le héros gaulois, Vercingétorix, fut assiégée et prise de cette manière par César. 3° Enfin, les Romains, contre les places solides et abondamment ravitaillées, avaient recours à une attaque régulière, à l'aide de véritables travaux de siége.

Ces travaux consistaient d'abord en un parapet d'approche, qui, commencé à une assez grande distance de la place, était conduit progressivement jusqu'au pied des remparts. Ce parapet, construit avec de la terre, des clayonnages, des troncs d'arbres et des charpentes, était en outre pourvu d'un revêtement en pierre, afin de le protéger contre l'incendie; on l'élevait jusqu'à la hauteur des murailles, afin que les assiégeants fussent, pour combatre, à la même hauteur que les assiégés. Ensuite, on construisait de grandes tours en bois, de trois, quatre et même dix étages, qu'on approchait des murailles sur des rouleaux et dont les étages supérieurs étaient armés de machines de jet, qui lançaient d'énormes projectiles dans la ville assiégée, pendant qu'à l'étage inférieur, un énorme bélier battait le pied des murailles. En outre, un pont-levis, placé à l'étage supérieur de la tour, était destiné à s'abattre sur le rempart et à y conduire les assaillants. Contre ces tours, les défenseurs se servaient de projectiles divers, pierres, poutres, flèches de grandes dimensions, mais c'était surtout au moyen du feu qu'on en avait raison, bien qu'elles fussent protégées par des peaux et des couvertures mouillées.

Les béliers employés par les Romains atteignaient des dimensions colossales : c'étaient d'énormes poutres de bois, longues de cent à cent quatre-vingts pieds et garnies d'une lourde pointe de fer; on se servait en outre de grandes faux de murailles, sortes d'immenses crocs en fer, plantés au bout d'une poutre, et du trépan ou perce-muraille, espèce de bélier pointu, destiné à percer des trous isolés dans les maçonneries.

Enfin, les Romains se servaient de machines de jet, sortes d'arbalètes de grande dimension, munies de fortes cordes élastiques, faites de tendons ou de poils d'animaux et même de cheveux de femme. Ces machines se nommaient : *Catapultes*, quand elles servaient à lancer des projectiles dans une direction horizontale et *balistes*, quand elles étaient braquées obliquement, généralement sous un angle de 45 degrés. Ces diverses machines lançaient jusqu'à une distance assez grande des pierres d'un poids considérable et elles étaient encore en usage au moyen âge, lorsque la poudre fit son apparition sur le champ de bataille.

IV

Les premiers canons qu'on ait vus en Europe paraissent avoir été employés en Italie vers le commencement du XIV° siècle. Le mot canon vient, du reste, du mot italien *canonne*, qui veut dire tube. Dès 1324, la ville de Metz possédait cependant déjà un petit canon et une petite serpentine. En France, la première mention de l'artillerie remonte à l'année 1338. Cette année-là, l'arsenal de la marine, à Rouen, possède un « pot de fer lançant des carreaux » à l'aide de la poudre ; et nous savons que dans le même temps Philippe VI, préparant à Barfleur une flotte contre l'Angleterre, fit fabriquer de la poudre à canon. La même année, du reste, Edouard III d'Angleterre introduit également l'artillerie dans son pays.

L'année suivante, les Français emploient la poudre à canon au siège de la petite forteresse de Puy-Guillem, dans le Périgord ; et vers la même époque, dix canons sont employés à la défense de la ville de Cambrai, assiégée par Edouard III. Tels furent les premiers sièges auxquels la poudre fut employée en Europe ; elle ne fit son apparition en rase campagne que sept ans plus tard, à Crécy, où l'artillerie du roi d'Angleterre, composée de trois canons, décida du sort de la bataille et popularisa ainsi l'usage des canons et de la poudre.

Comme on pense bien, dès que les canons furent employés dans la guerre des sièges, les anciennes machines, béliers, tours, catapultes, balistes, se trouvèrent tout à fait inutiles ; au moindre coup de canon, elles volaient en éclats, et les terrassements élevés en dehors des murailles ne servaient plus qu'à exposer davantage les assiégeants. Enfin, les murailles elles-mêmes eurent fort à souffrir des nouveaux engins, lorsque ceux-ci furent employés par les assiégeants ; les boulets lancés par les canons pratiquaient rapidement dans leurs flancs de larges brèches. Il fallut donc, de part et d'autre, avoir recours à d'autres moyens d'attaque et de défense, en rapport avec la situation créée aux assiégeants comme aux assiégés, par les armes nouvelles.

Du côté de l'attaque, on remplaça les terrasses par des *tranchées*, sorte de chemins creusés dans le sol et dirigés en zigzags, de manière à s'approcher de la place tout en échappant aux coups de l'ennemi, aussi bien de flanc que d'enfilade, c'est-à-dire de face comme de côté. Autrefois, l'assaillant cherchait à s'élever le plus possible, maintenant, au contraire, il s'enterrera autant qu'il le pourra, en augmentant encore la profondeur de la tranchée au moyen de la terre du déblai qui sera rejetée du côté de la place. Dans ces tranchées, on cacha non seulement les troupes chargées de repousser les sorties des assiégés et de donner l'assaut quand la brèche sera pratiquée, mais encore les canons destinés à pratiquer cette brèche, dont la bouche seule, émergeant au-dessus du sol, offrait peu de prise aux coups de l'ennemi. De plus, les tranchées permettaient d'avancer pendant la nuit les travaux du siége et de les perfectionner pendant le jour, en dépit du feu des assiégés.

Du côté de la défense, des modifications importantes durent être apportées également dans les méthodes de combat. Les remparts eurent besoin d'être élargis, afin de pouvoir recevoir l'artillerie; les parapets en pierre qui couronnaient les remparts et derrière lesquels s'abritaient les défenseurs, durent être remplacés par des parapets en terre, les boulets faisant voler les pierres en éclats et les rendant aussi dangereuses qu'eux-mêmes, pour les assiégés; des rampes durent être ménagées à l'intérieur, pour permettre d'amener les pièces d'artillerie sur le rempart; enfin et surtout, il fallut remplacer les tours qui flanquaient les murailles par d'autres ouvrages, auxquels on donna le nom de *bastions*.

L'invention du bastion marque une véritable révolution dans l'art de la fortification. Si l'on jette, en effet, les yeux sur le plan d'une ville ancienne et sur celui d'une place moderne, on remarque de suite que la différence, entre les deux enceintes, abstraction faite des dimensions, consiste en ce que l'une est flanquée de tours et l'autre de bastions. Quelle a été la raison de ce changement radical? Quelques explications à ce sujet sont nécessaires.

Comme nous l'avons dit, les places et châteaux-forts du moyen âge, ainsi, du reste, que les forteresses des anciens, étaient flanquées de tours, élevées de distance en distance, généralement à une portée de flèche les unes des autres. Tout d'abord on s'aperçut que ces tours, dont les dimensions étaient assez exiguës, se prêtaient peu à recevoir des canons, dont la manœuvre et le recul exigent un emplacement assez grand. Mais ce n'était là qu'un obstacle secondaire, les canons pouvant, à la rigueur, être multipliés sur le rempart, aux abords des tours, pour obvier à leur insuffisance sous ce rapport. Mais les assiégés s'aperçurent bientôt, à leurs dépens, d'un inconvénient autrement grave : l'enceinte de la place qui, avec les moyens de défense anciens, pouvait être protégée également sur tous ses points, présentait certaines positions qu'il était maintenant impossible de défendre.

Les tours, en effet, se *flanquaient* mal, c'est-à-dire
qu'en raison de leur forme ronde ou même carrée, chacune d'elles avait, en avant, un espace que les tours
voisines ne pouvaient voir, et par conséquent protéger
par le feu de leurs canons. Cet espace libre favorisait
l'escalade dans les attaques de vive force, la mine et la
sape, c'est-à-dire les travaux d'approche dans les attaques régulières et enfin l'assaut quand la brèche était
pratiquée. Les assaillants échappaient ainsi aux coups
de flanc des tours voisines, quand ils avaient franchi une
certaine zone et pouvaient s'avancer sans grands obstacles jusqu'au pied même de la tour menacée.

Ce fut pour obvier à ce grave inconvénient qu'on
imagina les bastions qui devinrent dès lors les seules
parties saillantes des fortifications. Les bastions sont de
grandes masses de terre, revêtues de maçonnerie ou de
gazon, composées de deux faces formant un angle sail-
lant sur le dehors et de deux flancs également en ligne
droite, qui relient les deux faces à l'enceinte de la place.
On les construit généralement aux angles de la place et
quelquefois aussi sur les côtés de l'enceinte, lorsque
ceux-ci sont très longs.

Les historiens ne sont pas d'accord sur l'époque exacte
où cet important changement fut introduit dans la fortification, non plus que sur le nom de son ou de ses au-
teurs; cependant, on croit généralement que les bastions furent inventés par des ingénieurs italiens, vers le
commencement du XVI siècle. Un des historiens de
Vauban, M. Mellion, donne l'ingénieur italien San
Michelli, chargé de fortifier la ville de Vérone, en 1527,
comme étant l'inventeur de ce nouveau mode de fortifi-

cation ; un autre, au contraire, M. Boudois, attribue le mérite de cette importante modification à l'ingénieur français Latreille, en 1556. M. Boudois nous paraît quelque peu en retard et nous n'hésitons pas à croire, avec M. Mellion et bon nombre d'autres historiens, que notre chauvinisme aurait mauvaise grâce à faire valoir ses droits dans la circonstance et qu'il faut rendre à César ce qui appartient à César, en attribuant, sinon à San Michelli, du moins à ses compatriotes le mérite de l'invention des bastions. En France, nous avons pour nous, dans l'art de la fortification, Vauban et ses admirables **travaux**, cela suffit amplement, sur ce point, à la gloire de notre pays et à la satisfaction de notre amour-propre national. Quoiqu'il en soit, à partir du xvie siècle on commença partout à remplacer les tours par des bastions, et quand Vauban arriva il n'y avait plus guère en France et presque dans toute l'Europe que des enceintes bastionnées.

D'autres modifications, moins importantes, furent encore apportées vers la même époque dans la construction des places fortes, par suite de l'emploi des armes à feu. Des *glacis*, notamment, sortes de parapets en terre, furent construits en avant du fossé en s'en allant mourir en pente douce vers la campagne, de manière à protéger les murailles contre les boulets qui en les démolissant comblaient rapidement le fossé de leurs débris et rendaient l'assaut beaucoup plus facile par l'assiégeant. On établit dans les flancs des bastions des casemates, sortes de chambres voûtées à l'épreuve de la bombe et destinées à recevoir la garnison et les munitions en cas de bombardement et, en cas d'assaut, de petites pièces de

SYSTÈME DE FORTIFICATION DE VAUBAN. (P. 39.)

canon qui, par des embrasures ménagées à cet effet,
tirent à mitraille et comme à bout portant sur les assaillants. On perfectionna les fossés, en les rendant plus
profonds et dans le fond on pratiqua des obstacles de
toute espèce, particulièrement des *caponnières* ou chemins couverts doubles; la *contrescarpe* (1) ou pente du
fossé regardant la place fut exhaussée de manière à ce
que, pour arriver au fossé, l'assiégeant fut obligé de la
renverser par la sape ou par la mine. Enfin, on ajouta
successivement, par la suite, aux enceintes des places,
tout une série d'ouvrages accessoires auxquels on donna
le nom de *ravelins* ou *demi-lunes, lunettes, ouvrages à cor-
nes, redoutes, tenailles, contre-gardes,* etc., sortes de retranchements particuliers quoique attenant à la place,
destinés à recevoir des batteries d'artillerie en se flan-
quant mutuellement et ayant tous pour type dans leur
construction, le bastion, c'est-à-dire la ligne droite et la
forme triangulaire.

De plus, à beaucoup de places, on adjoignit, en dehors
des glacis, des ouvrages séparés, munis d'avant-chemins
couverts et d'avant-fossés, auxquels on donna le nom
d'ouvrages avancés, mettant ainsi l'assiégeant dans
l'obligation de faire plusieurs siéges séparés avant d'arriver au siége principal.

V

« On répète chaque jour, en apercevant les restes d'un
château féodal, dit M. Dussieux dans son bel ouvrage :

(1) Escarpe et contrescarpe, les deux côtés du fossé; l'escarpe, le côté de
la place, la contrescarpe, l'autre côté.

l'*Armée en France*, que c'est la Révolution qui a détruit ces donjons et accumulé toutes ces ruines. C'est vrai, mais la Révolution s'appelle ici Henri IV et Richelieu. Henri IV avait commencé à démanteler les forteresses féodales, Richelieu compléta son œuvre..... » Le savant professeur de l'école Saint-Cyr eût pu ajouter « et Vauban la termina ensuite définitivement, » comme nous le verrons par la suite de cet ouvrage, en assistant avec l'illustre ingénieur du grand roi au démantèlement de nombreuses forteresses féodales qu'il remplaça par des places fortifiées suivant les principes de l'art moderne, donnant ainsi à la France une véritable ceinture de pierre qui, à deux reprises différentes, lui permit d'arrêter l'invasion étrangère.

Sous le règne de Henri IV, Sully, secondé par le savant ingénieur Errard de Bar-le-Duc, avait doté la France de nombreuses et puissantes places fortes. Errard, qui a donné à la fortification ses principes essentiels, notamment ces deux-ci : le relief doit avoir très peu d'élévation et il faut des ouvrages avancés pour tenir l'ennemi à distance; Errard, disons-nous, avait construit la citadelle d'Amiens, ainsi que les places de Calais, de Grenoble, de Toulon et de Marseille; il avait réparé et augmenté, entre autres, les fortifications de Laon, Beauvais, Ham, Boulogne-sur-Mer, Montreuil, Bourg-en-Bresse, Sisteron, Antibes, etc., etc.

Sully et Errard avaient introduit dans la construction des places fortes le système des adjudications et les travaux qu'ils ordonnèrent, exécutés par des entrepreneurs bien surveillés et régulièrement payés, au lieu de l'être par des corvéables, comme cela avait lieu auparavant, ne s'étaient pas élevés à moins de 8 millions de livres, soit 50 millions de francs environ d'aujourd'hui.

Après Sully, Richelieu vint, qui apporta lui aussi une très grande attention à la défense des frontières du royaume. « Une frontière bien fortifiée, a écrit le grand cardinal dans son *Testament politique*, est capable ou de faire perdre aux ennemis l'envie qu'ils pourraient avoir de former des desseins contre un Etat, ou au moins d'arrêter leur cours et leur impétuosité, s'ils sont assez osés pour venir à force ouverte.

» Les subits mouvements de notre nation ont besoin d'être garantis de la terreur qu'elle pourrait recevoir d'une attaque imprévue, si elle ne savait que l'entrée du royaume a des remparts si forts, qu'il n'y a point d'impétuosité étrangère assez puissante pour les emporter d'emblée, et qu'il est impossible de s'en rendre maître qu'avec beaucoup de temps. »

Richelieu eut pour le seconder dans son œuvre deux ingénieurs des plus distingués : De Ville et le comte de Pagan; c'est à eux que l'on doit les tracés de toutes les places construites à cette époque, notamment Amiens, Abbeville, Corbie et Saint-Quentin. Errard de Bar-le-Duc avait publié, en 1594, le premier ouvrage de fortification paru en France, sous le titre : « *La fortification démontrée et réduite en art,* » de Ville et Pagan écrivirent eux aussi, sur ce sujet, deux remarquables traités, qui firent autorité dans la matière, celui de Pagan surtout, jusqu'à ce que Vauban eut établi les règles définitives de la fortification moderne. Le livre de de Ville, publié en 1641, avait pour titre, comme plus tard devait l'avoir un des plus remarquables ouvrages de Vauban : « *Traité de l'attaque et de la défense des places.* Avec lui, l'assiégé et l'assiégeant ont des chances égales, principe que Vauban viendra bientôt renverser, en rendant l'attaque de beaucoup supérieure à la défense. L'ouvrage de Pagan était intitulé : « *Traité de fortification.* » Il fut publié en 1645 et, dit un historien militaire : « c'était le meilleur ouvrage de ce genre qui eut encore paru. »

Aussi Fontenelle, dans l'Eloge de Vauban qu'il prononça devant l'Académie des sciences, en 1705, après la mort du maréchal, nous paraît-il avoir dépassé quelque peu la note juste, lorsqu'il dit, en parlant de l'art de fortifier : « Ceux qui l'avaient pratiqué avant lui ou qui en avaient écrit s'étaient attachés servilement à certaines règles établies quoique peu fondées, et à des espèces de superstitions qui dominent toujours longtemps en chaque genre, et ne disparaissent qu'à l'arrivée de quelque génie supérieur. »

Le grand Carnot nous semble beaucoup plus près de la vérité, lorsqu'il écrivit aux membres de l'Académie française qui avaient mis l'Eloge de Vauban au concours, les lignes suivantes : « La fortification de M. de Vauban n'offre à l'œil qu'une suite d'ouvrages connus avant lui ; mais elle offre à l'esprit de celui qui sait observer des résultats sublimes, des combinaisons profondes, des chefs-d'œuvre multipliés d'industrie. C'est dans l'art de disposer respectivement les ouvrages connus avant lui ; c'est dans l'art de profiter de toutes les circonstances locales ; c'est dans les manœuvres d'eau ingénieusement disposées ; c'est dans l'art de placer une simple redoute dans un lieu inaccessible, d'où elle prenne de revers sur les tranchées ; c'est dans l'art d'enfiler une branche d'ouvrages si hardiment, qu'on ne puisse la battre ni en brèche ni par ricochet; c'est, dis-je, en tout cela que consiste l'art de Vauban. »

Suivons donc Vauban dans sa longue et laborieuse carrière et voyons comment il justifie le pompeux éloge que faisait de lui, au commencement de ce siècle, un homme aussi expert en la matière que Carnot, celui auquel l'histoire a donné le surnom glorieux entre tous d'*Organisateur de la victoire*.

CHAPITRE III

I

Vauban ne profita guère du repos accordé aux officiers
par la paix des Pyrénées. Le traité était signé dans les
dernières semaines de l'année 1659, et dès le mois de juin
suivant, il était chargé d'une mission spéciale en Lorraine.

La ville de Nancy se trouvait au nombre de celles
qu'en vertu des dernières conventions, la France ne devait pas conserver; elle devait être rendue au duc de
Lorraine, mais à la condition qu'elle serait démantelée,
c'est-à-dire que ses fortifications seraient détruites. Vauban fut chargé de l'exécution de cette clause du traité et
les murailles de Nancy furent rasées sous sa direction.
Il fut ensuite envoyé à Marsal, petite place voisine de
Nancy, que le duc de Lorraine devait remettre au roi
de France, et qu'il retenait sous différents prétextes.
Louis XIV ayant l'intention d'en faire le siége si le duc

4

Charles IV s'obstinait à la conserver, voulait que Vauban profitât de son séjour en Lorraine pour faire une reconnaissance complète de la ville qu'il serait ainsi plus facile de prendre par la suite.

Il faut croire que Vauban s'acquitta de ces deux missions d'une façon remarquable, car le roi l'en récompensa magnifiquement. Il lui donna d'abord le commandement d'une compagnie dans le régiment de Picardie, qui était le premier régiment de France, après les gardes royaux; puis, il lui accorda sur sa cassette une gratification importante.

Pendant les années suivantes, Vauban, qui avait pris le commandement de sa compagnie d'une manière effective, ne reçut aucune destination particulière. Il en profita pour se livrer, avec plus de passion encore que par le passé, à l'étude de la fortification.

En 1665, il reçut l'ordre d'aller fortifier la ville de Brisach, sur le Rhin. Les travaux de fortification de Brisach étaient déjà commencés depuis plusieurs années, sous la direction de l'intendant de la province d'Alsace, Charles Colbert, parent du ministre de ce nom. En arrivant à son nouveau poste, Vauban qui ne savait pas déguiser la vérité, ne cacha point que ces travaux avaient été mal conçus et non moins mal exécutés jusqu'alors. Cette franchise déplut à l'intendant qui, en outre, conçut bientôt d'autres griefs contre Vauban, lorsque celui-ci refusa de se prêter aux malversations auxquelles cet indigne parent du grand Colbert se livrait avec les entrepreneurs des travaux. Dès lors, Charles Colbert rêva sa perte.

Il commença par accuser Vauban, auprès du ministre, de trop vouloir économiser sur les travaux; « Vauban ne vise qu'à l'économie » écrivait-il à son cousin. Ennuyé des tracasseries dont il était l'objet, Vauban demanda à aller rejoindre son régiment et il y fut autorisé, mais sans pour cela être déchargé de la responsabilité des travaux de Brisach. L'intendant profita de cette circonstance et, avec le concours d'un malhonnête homme comme lui, l'entrepreneur Saint-André, il fit fabriquer toute une série de pièces de comptabilité fausses, portant de nombreuses dépenses irrégulières, au compte du directeur responsable des travaux, c'est-à-dire de Vauban.

Ces états faux furent présentés à la cour des comptes qui, naturellement, rejeta les dépenses irrégulières qu'ils comportaient et imputa celles-ci à Vauban, qui reçut l'ordre de les rembourser sur sa propre bourse. Mais ce remboursement, aussi onéreux qu'il fût pour le jeune capitaine, qu'il eût ruiné complétement et au-delà, n'était rien encore à côté du déshonneur qu'une aussi scandaleuse affaire allait répandre sur son nom!

Vauban, indigné par d'aussi odieuses accusations, eut alors recours au ministre de la guerre Louvois, qui l'honorait déjà d'une estime toute particulière et, grâce à la protection de ce puissant personnage qui apporta à sa défense une ténacité et une énergie très grandes, il sortit indemne de cette malheureuse affaire qui resta pendante plusieurs années devant la Cour des Comptes. D'autre part, le ministre Colbert qui était fixé sur la probité de son parent, n'avait pas hésité à prendre parti pour Vauban et à faire lui aussi tout le possible pour la justification de celui-ci. Malgré cela, Vauban conserva toujours, par la suite, une certaine réserve vis-à-vis du ministre de la marine de Louis XIV. Louvois poussa son amitié pour Vauban, jusqu'à faire disparaître complètement des archives de l'Etat toutes les pièces du procès de Brisach, afin de ne laisser aucune trace de cette indigne affaire et d'en effacer jusqu'au souvenir.

II

En 1667, éclata la guerre dite de Dévolution. Le roi d'Espagne venait de mourir, et Louis XIV, en vertu du traité des Pyrénées, réclamait la possession des Pays-Bas espagnols, qui étaient dévolus, en vertu d'un droit spécial à ce pays, à sa femme, l'infante Marie-Thérèse. Les négociations entamées n'ayant pas abouti, le roi de France envahit les Pays-Bas avec une armée de 55,000 hommes commandés par lui et par Turenne.

Vauban fut chargé de l'attaque des places fortes qui furent enlevées la plupart sans obstacle : Armentières, Charleroi, Bergues, Furne, Tournai, Douai, Cambrai, etc. Seule, la ville de Lille offrit une résistance sérieuse aux troupes françaises et il fallut en entreprendre le siége régulier. Du 10 au 17 août, Vauban établit les lignes de circonvallation, et le 18 il fit ouvrir la tranchée, sous les yeux du roi et de Louvois, qui purent ainsi apprécier par eux-mêmes le mérite du jeune ingénieur. Louis XIV s'intéressait vivement aux travaux du siége et visitait souvent, avec Vauban, la tranchée que l'on poussait avec la plus grande activité. Un jour, le roi se trouva très exposé au feu des assiégés et les courtisans qui l'accompagnaient l'engageaient à se retirer. Louis XIV hésitait, lorsqu'un vieux capitaine des gardes qui se trouvait dans la tranchée lui dit : « Sire, le vin est tiré, il faut le boire. » Le roi continua sa promenade malgré le feu de l'ennemi et les soldats, témoins de son courage, y puisèrent un précieux encouragement.

Pendant la nuit du 26 au 27 août, les gardes françaises et les mousquetaires firent une vigoureuse attaque contre la place, sur deux points différents. La population, effrayée, s'ameuta et somma le gouverneur de se rendre. La capitulation fut signée le 28, et Louis XIV fit le même jour son entrée solennelle dans la ville.

Le siége, grâce aux habiles dispositions prises par Vauban, avait duré dix-huit jours seulement. Aussi Louvois tenant à récompenser d'une façon particulière les services de son ingénieur, lui fit accorder par le roi une pension de 2,400 livres, ainsi que la lieutenance aux gardes que Mazarin lui avait fait espérer dix ans auparavant. Vauban fut, en outre, chargé de remettre la place de Lille en état de défense, suivant les procédés les plus nouveaux de la fortification ; et bien que son chef, le chevalier de Clerville, fût directeur général des fortifications, Louvois lui donna la direction supérieure des travaux et voulut que ses plans seuls fussent exécutés. Il reçut, pendant la durée de ces travaux, une indemnité de 500 livres par mois.

Vauban reçut ensuite la mission de tracer les plans de la citadelle d'Arras; et peu de temps après, Louvois voulut qu'il inspectât toutes les places frontières du royaume, afin de se rendre compte de leur état et de voir, par lui-même, les travaux qu'il serait nécessaire d'y exécuter, pour les mettre en état complet de défense. « Je voudrais, lui écrivait-il, qu'à votre premier jour de loisir, vous allassiez faire une course à Lille, que vous allassiez faire un tour dans les places du Hainaut et que vous vinssiez à Paris en poste (ce dont le roi vous dédommagerait), à Pignerol et à Perpignan, par la même voie, afin qu'étant de retour ici au 1er janvier, vous puissiez retourner en Flandre. »

Louvois écrivait cette lettre le 17 novembre 1668, et Vauban devait être de retour à Paris le 1er janvier suivant, après avoir inspecté les places du nord de la France, Pignerol sur les Alpes et Perpignan dans les Pyrénées ! et cela à une époque où les routes existaient à peine, où les moyens de communications étaient encore des plus rudimentaires. Vauban était, en effet, obligé de faire la plupart de ces longs et pénibles voyages, à cheval, suivi d'un valet qui conduisait une mule portant ses bagages. Heureusement pour lui, il était doué d'une robuste constitution et sa vigueur physique n'avait d'égale que son activité individuelle.

A soixante ans passés, nous le verrons se montrer aussi infatigable et faire preuve d'une ardeur peu commune, même chez des hommes moins âgés que lui. Ainsi, en l'année 1693, il écrit au ministre Le Pelletier : « Je partis avant-hier de Philippeville avec 200 dragons de la garnison de Namur et, prenant le grand tour par Marienbourg et Chimay, je vins tout d'une traite coucher dans le château de Verlon, pendant quoy la pluie pensa nous noyer en l'air et tout à cheval, cinq heures durant, tant elle fut violente. J'en partis le lendemain à 3 heures par un grand brouillard, et après avoir bien piétonné

parmi la boue et la glaise détrempées et bien déferré
des chevaux par les plus mauvais temps du monde, mes
dragons étant sur les dents et n'en pouvant plus, je pris
le parti d'en renvoyer 150 à Chimay, et, avec 50 des
mieux montés, je continuai ma route jusqu'à Avesnes,
où j'arrivai sur les huit heures du matin, très fatigué. Je
me rendis le même jour à Maubeuge et hier ici, après
avoir employé ma matinée à examiner les fortifications
de cette place. »

En outre, malgré ses fonctions spéciales d'ingénieur,
Vauban continuait à faire son service au régiment des
gardes, toutes les fois qu'une mission particulière ne
l'on éloignait pas. Il tenait, du reste, à s'instruire dans
son service d'officier, et bientôt aucune des manœuvres
du corps d'élite auquel il avait l'honneur d'appartenir ne
lui fut étrangère. Il dut alors demander à Louvois, afin
de pouvoir suffire à sa tâche d'ingénieur, de le faire
exempter de certains services : « Les officiers sont au
moins tous les trois jours de garde, lui écrivait-il à ce
sujet; si vous voulez bien avoir la bonté de m'envoyer
un ordre pour n'en point monter pendant la grande presse
des travaux, je vous en serais obligé et ne m'en servirais
que quand je ne pourrais faire autrement. »

Entre autres travaux dont fut alors chargé Vauban, il
faut encore mentionner le tracé et la construction de la
citadelle d'Ath, dont les plans, comme ceux de la citadelle de Lille, lui sont entièrement dûs. Du reste, à partir
de cette époque, tous les travaux de fortification exécutés
dans le royaume furent l'œuvre de Vauban; et quoique
Louvois eût l'habitude de dire en plaisantant qu'il
n'était que « le diacre de M. de Clerville, » celui-ci n'eut

plus dès lors qu'une action très effacée et Vauban fut, en réalité, le véritable directeur général des fortifications, jusqu'au jour où la mort de son supérieur vint lui en donner effectivement le titre et la fonction.

Les travaux d'Ath donnèrent lieu à un échange de lettres très curieuses entre Louvois et Vauban, et qui montrent jusqu'à quel point celui-ci poussait l'indépendance du caractère, à une époque cependant où la servilité était la règle de conduite, même des personnages les plus importants. Le passage suivant emprunté à cette correspondance suffira pour montrer combien Vauban tenait à ce que personne n'empiétât sur ses attributions, et aussi combien il était soutenu par Louvois, dans ses justes revendications : « S'il faut, écrivait Vauban, que toutes les fois que j'aurai le dos tourné on change ce que j'aurai réglé, il vaudrait autant pour moi, et bien mieux, de ne m'en point mêler; car cela ne me fait que décréditer parmi les ouvriers et ceux sur qui j'ai commandement. » A quoi Louvois répondait aussitôt : « J'ai mandé à tous ceux qui m'ont écrit que le roi s'étant remis absolument à vous de toutes les fortifications des places de mon département, je les priais de ne pas souffrir que vos subalternes raisonnassent en votre absence sur les choses que vous aviez une fois réglées. Ma réponse a été si sèche, que je suis persuadé que ce sera la dernière fois qu'on m'écrira de la sorte. »

Louvois n'était, du reste, pas seul à témoigner une confiance aussi absolue dans Vauban. Colbert partageait entièrement cette manière de penser et un jour, alors que Vauban était, quelques années plus tard, chargé de fortifier la place de Verdun, il écrivit à **un ingénieur**

nommé Niquet, qui s'était permis de modifier les plans
adoptés : « Sachez que ce n'est point à vous de toucher
aux ouvrages du sieur de Vauban, sans ordre exprès, et
vous devez encore travailler à étudier dix ans sous lui,
auparavant que vous puissiez concevoir une aussi bonne
opinion de vous. » Et le ministre s'adressant en même
temps à l'intendant de Metz, à ce sujet, lui écrit « qu'il
se demande comment Niquet (qui était cependant un
ingénieur de grande valeur) peut avoir la hardiesse,
pour ne pas dire l'effronterie, de corriger un homme
d'un aussi grand mérite et d'une expérience aussi con-
sommée que le dit sieur de Vauban. »

Le marquis de Seignelay, fils et successeur de Colbert,
n'était pas moins bien disposé que son père à l'égard de
Vauban : « Je vous avoue, lui écrivait-il le 2 juillet 1676,
qu'outre la capacité par laquelle vous êtes si fort au-
dessus de tous les gens qui se mêlent des mêmes choses
que vous, il y a une si grande netteté dans vos mémoires
et une si grande certitude dans tout ce que vous pro-
posez, qu'il y a beaucoup de plaisir à être informé de
vos sentiments et à faire travailler à l'exécution des ordres du roi sur vos mémoires. »

III

L'année 1672 vit éclater la guerre avec la Hollande,
que Louis XIV voulait punir de son intervention contre
lui dans la guerre de Dévolution. Avant d'entreprendre
cette campagne pour laquelle Louvois avait préparé, depuis quatre ans, une armée de cent mille fantassins et

de trente mille cavaliers, Louis XIV consulta Condé, Turenne, et aussi Vauban.

Turenne était d'avis que le principal théâtre de la guerre devait être la Hollande; Condé, au contraire insistait pour que l'effort principal se portât sur la Flandre qu'il considérait comme le véritable nœud de cette guerre. Vauban partageait l'avis de M. le Prince, et il donna pour raison qu'en agissant ainsi, le roi pourrait entourer son royaume de ce côté par une ceinture solide de places fortes reliées entre elles et s'appuyant mutuellement, et auxquelles il donnait le nom de *pré carré*. « Sérieusement, monseigneur, écrivait-il à ce sujet à Louvois, le roi devrait un peu songer à faire son pré carré. Cette confusion de places amies et ennemies, pêle-mêlées les unes parmi les autres, ne me plaît point. Vous êtes obligé d'en entretenir trois pour une; vos peuples en sont tourmentés, vos dépenses de beaucoup augmentées, et vos forces de beaucoup diminuées; et j'ajoute qu'il est presque impossible que vous les puissiez toutes mettre en bon état et les munir. Je dis de plus que si dans les démêlés que nous avons avec nos voisins, nous venions à jouer un peu de malheur ou (ce qu'à Dieu ne plaise) à tomber dans une minorité, la plupart s'en iraient comme elles sont venues. C'est pourquoi, soit par traité, ou par une bonne guerre, si vous m'en croyez, prêchez toujours la quadrature, non pas du cercle, mais du pré, c'est une belle et bonne chose que de pouvoir tenir son faix des deux mains. » Mais Louvois répondit à Vauban : « Tout ce que contient votre lettre me paraît fort bon, mais il ne peut pas s'exécuter aussi promptement que l'on voudrait bien. Il faut donc se donner patience et espérer toujours que, avec un peu de temps, vos avis pourront être exécutés. » Ce fut l'avis de Turenne qui l'emporta et le théâtre principal de la guerre fut transporté en Hollande.

Toutes les places devant lesquelles se présenta l'armée française se rendirent presque sans résistance. Mais la ville de Maëstricht qui appartenait à l'électeur de Cologne, un des alliés de Louis XIV, se trouvant encore entre les mains des ennemis, l'électeur pria le roi de lui rendre cette place dont le siége fut décidé, à la condition qu'elle resterait entre les mains des Français, jusqu'à la conclusion de la paix.

Le 1er mars 1673, Louis XIV, accompagné de la reine et de toute sa cour, quitta le château de Saint-Germain, pour aller prendre en personne le commandement du siége de Maëstricht. Le 15, Vauban rejoignait le roi à Courtrai et lui soumettait le plan d'attaque qu'il avait élaboré, lui démontrant mathématiquement que si ses conseils étaient suivis la place serait infailliblement prise en quelques jours. Le 6 et le 7 juin la place fut investie et le 10, le roi arrivait sous ses murs.

Dès son arrivée, et sans prendre aucun repos, Louis XIV voulut lui-même reconnaître la place, avec Vauban. Tous deux montèrent à cheval et firent le tour de ville. Vauban fit alors remarquer au roi que l'enceinte bastionnée, c'est-à-dire le corps de place, n'était guère redoutable par lui-même; mais qu'en revanche, il était protégé par une triple ceinture d'ouvrages avancés qui offriraient une résistance beaucoup plus sérieuse.

Après cette reconnaissance, le plan d'attaque fut définitivement adopté et les lignes de circonvallation et de contrevallation furent immédiatement commencées, en même temps que l'on construisit des ponts sur la Meuse pour relier entre eux, sur plusieurs points, les corps de troupes établis sur les deux rives du fleuve.

Louis XIV ne voulut avoir, durant tout le siége, aucun intermédiaire entre Vauban et lui, et celui-ci eut, sous les ordres directs du roi, la conduite supérieure de tous les travaux. C'était la première fois qu'une aussi grande autorité était accordée à un ingénieur. Vauban, tout simple lieutenant aux gardes qu'il était, se trouvait ainsi l'égal des chefs les plus élevés dans la hiérarchie militaire : des lieutenants généraux et des maréchaux de France, même des princes du sang royal.

Vauban profita de la grande liberté d'action que le roi lui donnait, pour réformer des abus qui avaient prévalu jusqu'alors et qui étaient préjudiciables à la bonne conduite des siéges. Ainsi, jusqu'à ce moment, les officiers généraux, de service chacun leur jour à la tranchée, modifiaient, suivant leur gré, la conduite des attaques; cet abus disparut : les fonctions de chaque chef supérieur furent nettement déterminées; les uns eurent pour mission exclusive de commander les troupes, les autres de protéger les travailleurs, d'autres de repousser les sorties, etc. Mais une seule tête avait la direction de l'ensemble des opérations, et cette tête c'était Vauban.

Ces réformes ne plaisaient qu'à moitié aux grands personnages formant l'état-major royal et parmi lesquels se trouvait le propre frère de Louis XIV; mais, comme les ordres étaient censés venir du roi lui-même, personne n'osait rien dire et tout le monde obéissait, pour le plus grand bien du service et le prompt succès des opérations.

Vauban put alors donner, pour la première fois, libre
carrière à son génie; il fit donner aux tranchées plus de
largeur qu'elles n'en avaient eu jusque-là; enfin et surtout, il mit en application les *parallèles*, dont aucun
homme de guerre ne s'était encore servi en Europe et
dont, pour cette raison, l'invention lui a été attribuée.
Jusqu'alors, quand la tranchée était arrivée à la distance
de la place où devait être établie l'artillerie, on creusait
un large fossé, parallèlement à l'enceinte assiégée, et
l'on établissait dedans, sous le nom de batterie royale,
une ou deux lignes de canons destinés à couvrir de leur
feu la place et les ouvrages avancés. Devant Maëstricht,
Vauban imagina de faire plusieurs parallèles, c'est-à-dire
que de la première parallèle, il fit continuer à s'avancer
vers la place par de nouvelles tranchées jusqu'à une seconde parallèle qu'il fit établir, au grand étonnement des
assiégés, et enfin de cette seconde, jusqu'à une troisième,
qui arrivait presque jusqu'au glacis de la place.

Ces travaux absolument nouveaux excitaient l'admiration de l'armée entière, et Louis XIV lui-même s'est
exprimé ainsi à ce sujet dans ses Mémoires : « La façon
dont la tranchée était conduite empêchait les assiégés
de rien tenter; car on allait vers la place quasi en bataille, avec de grandes lignes parallèles qui étaient larges
et spacieuses; de sorte que, par le moyen de banquettes
qu'il y avait, on pouvait aller aux ennemis avec un fort
grand front. Le gouverneur et les officiers qui étaient
dedans n'avaient encore jamais rien vu de semblable,
quoique Fariaux (1) se fût trouvé en cinq ou six places

(1) Fariaux était le gouverneur de Maëstricht.

assiégées, mais où l'on n'avait été que par des boyaux si étroits, qu'il n'était pas possible de tenir dedans à la moindre sortie. Les ennemis, étonnés de nous voir aller à eux avec tant de troupes et une telle disposition, prirent le parti de ne rien tenter, tant que nous avancerions avec tant de précautions. »

Les historiens militaires ont beaucoup discuté, depuis deux siècles, à l'effet de savoir si Vauban était réellement l'inventeur des parallèles, ou bien s'il n'avait fait, devant Maëstricht, que mettre en application un système analogue à celui employé quelques années auparavant par les Turcs, pendant le siége de Candie. Le doute n'est cependant guère possible à ce sujet, car Vauban lui-même a déclaré à Pellisson (1), qui le rapporte dans ses *Lettres historiques*, qu'il n'avait fait qu'imiter les Turcs dans leurs travaux devant Candie. Mais, comme le fait remarquer avec raison un de ses biographes, « le mérite de Vauban n'est en rien diminué par cette assertion, car, à la guerre, l'art consiste autant à appliquer qu'à inventer..... La gloire de Vauban est d'avoir appliqué, complété et porté à un haut degré de perfection une invention déjà connue, mais qui n'était encore qu'à l'état primitif. »

Non seulement les nouvelles méthodes introduites par Vauban dans l'attaque des places abrégeaient les opérations des siéges et amenaient infailliblement les places assiégées à capituler, au point qu'à l'époque du siége de Maëstricht, on disait déjà en matière de proverbe, « place

(1) Pellisson, écrivain du siècle de Louis XIV, enfermé à la Bastille, lors de la disgrâce du surintendant Fouquet, avait apprivoisé une araignée qui était devenue sa compagne de captivité, pendant les 5 anné_s que dura celle-ci.

assiégée par Vauban, place prise; » mais encore elles économisaient, dans des proportions considérables, le sang du soldat, avec lequel jusqu'alors on n'avait jamais songé à compter. « Les premiers jours de tranchées, dit dans ses *Mémoires* un officier de mousquetaires, présent au siége de Maëstricht, ne coûtèrent pas beaucoup; M. de Vauban, en ce siége comme en quantité d'autres, a sauvé bien du monde par son savoir-faire. Du temps passé, c'était une boucherie que les tranchées; c'est ainsi qu'on en parlait; maintenant, il les fait d'une manière qu'on y est en sûreté comme si on était chez soi. »

Jamais homme de guerre ne fut plus avare, en effet, du sang humain que ne le fut Vauban; pour lui la prise d'une ville ne valait pas le sacrifice inutile du dernier des soldats. « J'aimerais mieux, disait-il un jour à Louis XIV, conserver 100 soldats à Votre Majesté, que d'en avoir ôté 3,000 à l'ennemi. Vous perdrez tel homme qui vaut mieux qu'un fort. »

De tout temps, les Français ont été braves jusqu'à la témérité, parfois même jusqu'à la hâblerie, sur le champ de bataille; Vauban n'aimait pas ce genre de bravoure qui peut quelquefois dépasser les bornes du véritable devoir militaire. « Je ne sais, a-t-il écrit dans son *Journal du siége de Maëstricht,* si on doit appeler ostentation, vanité ou paresse, la facilité que nous avons de nous montrer mal à propos, et de nous mettre à découvert hors de la tranchée sans nécessité; mais je sais bien que cette négligence ou cette vanité, comme on voudra l'appeler, a coûté plus de cent hommes pendant le siége, qui se sont fait tuer ou blesser mal à propos et sans aucune raison. Ceci est un péché originel dont les Français ne se corrigeront jamais, si Dieu, qui est tout-puissant, n'en réforme toute l'espèce. »

Mais revenons aux opérations du siége du Maëstricht. Les travaux d'approche se trouvant suffisamment avancés, les troupes tentèrent, dans la nuit du 24 au 25 juin, une vigoureuse attaque. La place ne fut pas emportée ; mais les assiégés jugèrent dès lors que toute résistance était inutile et la capitulation de la place fut décidée. Elle eut lieu le 30 juin et le 2 juillet la garnison hollandaise sortit de Maëstricht, avec les honneurs de la guerre, c'est-à-dire avec armes et bagages et libre de tout engagement vis-à-vis du vainqueur. La prise de Maëstricht eut un immense retentissement dans toute l'Europe, et si la gloire de Louis XIV en fut considérablement grandie, la renommée de Vauban ne s'en accrut pas moins.

Aussitôt la place au pouvoir du roi, Vauban se mit à l'œuvre pour y construire tout un système de défenses appropriées aux méthodes nouvelles. Il adressa à ce sujet à Louvois un vaste projet qui reçut avec l'approbation du ministre celle du grand Condé, lequel, dans une lettre à Louvois, témoigna hautement de toute l'admiration que cette remarquable conception lui avait inspirée.

IV

Mais, dès le 2 août, Vauban recevait l'ordre de quitter Maëstricht pour aller fortifier les villes de Brisach et de Philippsbourg. Vauban ne se souciait guère de se rendre à Brisach, qui lui rappelait de fâcheux souvenirs ;

cependant, il obéit, non sans écrire toutefois à Louvois.
« Je ne saurais me réjouir de vous voir encore chargé
des fortifications de Brisach et de Philippsbourg ; j'y
prévois tant de soins pour vous et de fâcheux voyages
pour moi, que cela me fait peur. Si vous me voulez faire
l'honneur de m'en croire, nous nous vengerons de ceux
qui nous ont procuré cet emploi, en proposant au roi une
dépense de 4 à 500,000 écus, moyennant quoy vous ferez
la meilleure place du monde de Brisach. »

Après les places de l'Alsace, Vauban fut chargé de
fortifier l'île de Ré ; puis, le roi voulant s'emparer de
Besançon, il reçut la direction des travaux du siége de
cette place, dont il s'empara à l'aide surtout de deux
batteries de 40 canons chacune, qu'il avait fait établir
sur les hauteurs dominantes du mont Chaudané, consi-
dérées jusqu'à ce jour comme inaccessibles pour la
grosse artillerie. Après Besançon, Dôle, Salins et toutes
les places de la Franche-Comté tombèrent entre les
mains de l'armée royale et ce fut ainsi Vauban qui, en
réalité, fit la conquête de cette belle province, restée
depuis lors constamment française.

Cependant, le prince de Condé venait de remporter,
dans les Flandres, la victoire de Senef, qui excitait à la
cour un enthousiasme général, que seul, Vauban, avec
son jugement sûr et réfléchi, allant jusqu'au fond des
choses, ne partageait pas : « ..... Il n'est pas encore
temps de s'épanouir la rate, écrit-il de Tournai à Louvois,
le 23 août 1474 ; prenez garde qu'ils (les Hollandais) ne
vous prennent Arras, Doullens, ou quelque autre place
aussi importante, ou qu'ils ne ravagent dans la Picardie... » A quoi, Louvois, tout entier à l'allégresse géné-

rale, répond : « J'ai vu avec une surprise inconcevable qu'on se soit mis dans l'esprit, à Tournai, que les ennemis songeaient à l'attaquer. Comme rien au monde n'est plus éloigné de la vraisemblance, le roi n'aurait guère pu avoir une bonne opinion des gens qui auraient été capables de prendre une alarme aussi mal fondée que celle-là ; et il faut, s'il vous plaît, cesser tous les préparatifs pour un siége qui, étant impossible aux ennemis en l'état où ils sont, pourrait couvrir de honte ceux qui leur feraient l'honneur de les croire capables de l'entreprendre. »

Mais Vauban y voyait plus clair, à lui seul, que Louis XIV, que Louvois et que tout l'entourage royal et les événements se chargèrent bientôt de lui donner raison. Dès la fin d'août, Condé était obligé, malgré sa victoire de Senef, de se tenir sur la défensive et, dans les premiers jours de septembre, Louvois qui commence enfin à voir clair, lui aussi, dans le jeu des ennemis, écrit à Vauban sur un ton bien différent de celui de sa précédente lettre : « Les ennemis, dit-il, font toutes les grimaces de gens qui veulent faire quelque chose ; mais ils auront beaucoup de peine à bien choisir, et la saison où nous sommes ne leur étant pas favorable, ils courent risque de faire une entreprise aussi peu heureuse que leur a été l'approche de leur armée auprès de M. le Prince. Vous pouvez compter que Sa Majesté sera bien en repos sur la place qu'ils attaqueront, pourvu que vous soyez dedans. »

Ce fut la ville d'Oudenarde qui devint alors le point de mire de l'armée hollandaise. Elle fut investie le 10 septembre et, dès le 16, la tranchée était ouverte. Mais

Vauban avait eu le temps de se jeter dans la place dont il avait pris le commandement supérieur, et le jour même de l'ouverture de la tranchée, il fit une sortie vigoureuse, détruisit les ouvrages commencés et ramena même un grand nombre de prisonniers! Puis, dès le lendemain, il inonda les abords de-la place, en y répandant les eaux du canal de Tournai, rendant ainsi les opérations d'un siége en règle presque impossibles.

En présence des habiles dispositions de défense prises par Vauban, le prince d'Orange apprenant, d'autre part, l'approche de l'armée de Condé, se décida à lever le siége et à battre en retraite.

La défense d'Oudenarde fut la seule qu'eut à diriger Vauban durant tout le cours de sa longue carrière. Elle lui valut cette lettre flatteuse de Louvois : « Au même temps que M. le Prince a rendu compte au roi de la levée du siége d'Oudenarde, Son Altesse lui a fait savoir que vous y aviez très utilement servi, et Sa Majesté a été très fortement persuadée ; je vous assure qu'elle est bien contente, et, en particulier, je m'en réjouis de tout mon cœur pour vous. »

D'Oudenarde, Vauban fut envoyé à Bergues que Condé craignait de voir assiéger par l'ennemi. Mais en se rendant dans cette place, Vauban courut un grand danger. Il fut attaqué par un parti ennemi, dans la contrée appelée la Bassée, et son escorte, trop faible pour pouvoir résister victorieusement, fut tuée ou prise. Dans l'action, Vauban eut son neveu blessé, ainsi que son domestique, et, lui-même, après avoir fait des prodiges de valeur, ne s'échappa qu'à grand'peine. Son secrétaire resta entre les mains des cavaliers ennemis.

Ce fut au cours de cette année 1674, que Vauban fut nommé brigadier des armées du roi. Le grade de brigadier était, dans la hiérarchie militaire, celui qui venait immédiatement au-dessus de celui de colonel. Ce grade ne se vendait pas, comme se vendaient alors ceux de capitaine et de colonel, le roi en avait la libre disposition ; et pendant son séjour au ministère de la guerre, Louvois le fit quelquefois donner à des lieutenants-colonels qui, comme Vauban et Catinat, par exemple, n'étaient pas assez riches pour acheter un régiment, c'est-à-dire pour être nommé colonels.

Le grade de lieutenant-colonel ne se vendait point non plus. Le roi le donnait généralement à de bons capitaines, roturiers ou de petite noblesse. C'était le lieutenant-colonel qui, en l'absence du colonel, faisait marcher le régiment. Malgré son grade, il conservait le commandement de la deuxième compagnie du régiment qui, d'ordinaire, en comptait quatre. Pendant le temps qu'il resta dans le grade de lieutenant-colonel, Vauban ne paraît pas avoir fait de service effectif au régiment de Picardie, auquel il appartenait. Il fut constamment employé, à cette époque, aux missions spéciales que son titre d'ingénieur et le renom dont il jouissait lui faisaient confier de préférence à tout autre.

CHAPITRE IV

I

Vauban consacra une partie de l'année 1675 à inspecter toutes les forteresses du royaume, du nord au sud,
et de l'ouest à l'est de la France. A la suite de cette inspection, il adressa à Louvois une sorte de lettre-mémoire
qui répond victorieusement aux quelques rares historiens qui l'ont accusé « d'avoir trop multiplié les forteresses et d'avoir dépensé en travaux de fortification plus
d'un milliard de livres, qui en représenterait quatre de
nos jours. »

« Il me semble, dit **Vauban à Louvois, que le roi n'a
que trop de places avancées**; s'il en avait moins de cinq
ou six que je connais bien, il en serait plus fort de douze
à quatorze mille hommes, et les ennemis plus faibles
au moins de six à sept mille; et si cela était, on serait
en état de les chasser d'Alsace et les empêcher aisément

de rien entreprendre en Flandre. Si nous voulons longtemps durer contre tant d'ennemis, il faut songer à se
resserrer..... » Et il revient sur son idée de *pré carré*
« tant désirable, dit-il, et sans quoi le roi ne pourra
jamais rien faire de considérable ni de solide, et que
vingt années de guerre ne pourraient pas lui arracher,
attendu la liaison que toutes les places auraient les unes
aux autres, les rivières, le pays et la facilité de les se-
courir et de rendre inutiles tous les desseins des ennemis. »

Louvois et Louis XIV se rendirent enfin à ces argu-
ments et les avis donnés par Vauban servirent de base
à la campagne de 1676, qui se déroula presqu'entièrement
dans les Flandres. Vauban, ayant en outre conseillé
tout particulièrement d'assiéger la ville de Condé, fut
chargé de dresser le plan d'attaque de cette place. Il se
mit aussitôt à l'œuvre et prévit jusqu'aux moindres
détails de l'opération. La place étant entourée de marais
qui en rendaient les abords très difficiles, Vauban conseilla de construire une flottille de bateaux armés et une
redoute flottante. Louvois fit exécuter les constructions à
Oudenarde et à Versailles, dans le plus grand secret, et
il se rendit lui-même avec le roi, dans les chantiers de
Versailles, pour s'assurer de la bonne exécution des
plans de Vauban à qui il écrivait le 13 novembre : « J'ai
vu hier l'épreuve de la redoute flottante. Elle n'avait que
douze pieds de large sur vingt de long; il y avait cinq
pièces de canon dessus, sur des affûts marins, dont
trois de deux livres et deux d'une livre, et pour le
moins quarante-cinq hommes, sans qu'elle prît plus de
cinq pouces d'eau; il en restait encore quatre hors de

l'eau, et toute cette machine ne pesait pas plus de seize cents livres, c'est-à-dire qu'il n'y a pas de charrette qui ne la voiture partout ; et pour la mettre à l'eau et en état de porter le canon, il ne faut pas plus de temps que pour écrire ce billet. »

Comme toutes les innovations apportées par Vauban, celle-ci se heurta tout d'abord à de vives oppositions. Jamais, disaient les officiers d'artillerie les plus renommés, on ne pourra obtenir un tir régulier sur une pareille machine ! Mais, comme toujours, les événements donnèrent raison à Vauban, qui, dans toutes ses actions, ne livrait jamais rien au hasard.

Quand tous les préparatifs furent terminés, Louvois prit les ordres du roi qui voulait assister lui-même aux opérations, et Louis XIV répondit à son ministre : « Je n'approuve pas seulement, mais j'ordonne que l'on travaille à toutes les batteries et logements que Vauban jugera utiles et nécessaires pour avancer la prise de la place. »

Condé fut investi le 17 avril 1676, et Vauban ayant sous ses ordres neuf mille travailleurs, commença aussitôt les travaux de circonvallation. Mais les assiégés ne lui laissèrent même pas le temps d'ouvrir la tranchée ; la place capitula le 26 avril.

Pendant ce temps, Monsieur, frère de Louis XIV, avait mis le siége devant Bouchain, et, dès qu'il apprit la reddition de Condé, il demanda au roi de lui envoyer Vauban. Celui-ci ouvrit la tranchée le 6 mai et, dès le 11, il écrivait à Louvois : « Nous sommes absolument maîtres de tous les dehors. De quelque manière que la chose tourne, j'espère, Dieu aidant, qu'avant qu'il soit

24 heures, Bouchain sera au roi, ou que du moins nous aurons trois ou quatre mineurs attachés sur le corps de place. » Le soir même de ce jour, Bouchain capitula et Vauban était immédiatement chargé, pa Louis XIV, de remettre la place en état de défense, afin qu'elle fût à l'abri d'un retour offensif de l'ennemi.

Après Bouchain, ce fut Aire qui fut assiégé et tomba aux mains de l'armée royale. Pendant ce dernier siége, Vauban reçut un coup de feu, qui le blessa grièvement. Il dut donc prendre pendant quelque temps un repos absolu ; mais cette inaction forcée lui pesait lourdement, et il écrivit bientôt à Louvois, pour le prier de « lui donner un rôle dans la comédie qui se préparait, » c'est-à-dire la campagne de l'année 1677.

II

Cette campagne de 1677 ne fut autre chose que le développement des théories émises précédemment par Vauban, et qui pouvaient se résumer dans ces deux termes : « Conquérir en Flandre et se maintenir partout ailleurs. » Le siége de Valenciennes, qu'on avait dú ajourner l'année précédente, en fut la première opération.

Vauban ne mit pas moins de neuf jours à établir la ligne de circonvallation ; enfin, le 6 mars, en présence de Louis XIV, il fit ouvrir la tranchée par une neige épaissequi, depuis douze heures, obscurcissait l'horizon et couvrait, au fur et à mesure, les terrassements exécutés par les soldats. La place de Valenciennes était une des plus fortes places de Flandre; aussi tout en étant fier d'avoir été chargé de la glorieuse mission de l'attaquer, Vauban ne se dissimulait aucune des difficultés qu'il aurait à surmonter pour s'en rendre maître et il disait au roi : « Sire, il faudra donner trois assauts successifs. »

Le 16 mars, Vauban jugea qu'on pouvait attaquer un ouvrage couronné, qui constituait un des points les plus importants de la place; mais, contrairement à l'usage, il demanda au roi que cette attaque se fît pendant le jour et non pendant la nuit. Cette idée rencontra une vive opposition dans l'entourage royal; tous les maréchaux et officiers généraux étaient d'avis qu'il fallait, comme par le passé, attaquer durant la nuit. Mais Vauban tint bon et développa avec insistance les motifs qui le guidaient : « C'était, disait-il, le moyen d'éviter la confusion et les méprises, d'empêcher qu'une partie des assiégeants ne tirât sur l'autre, de surprendre l'ennemi et de l'accabler en opposant des troupes fraîches à ses postes fatigués. La nuit, selon l'expression de Commines, (1) n'a point de honte, ajoutait-il; le grand jour et l'œil du maître contiennent les lâches, animent les faibles, élèvent les braves au-dessus d'eux-mêmes. Enfin, disait encore Vauban, vous préparez un effroyable désordre, si vous lancez quatre mille hommes dans l'obscurité. Le roi se rangea à cet avis et l'attaque de jour fut ordonnée.

Vauban demeura sur pied, durant toute la nuit, afin de veiller lui-même aux derniers préparatifs de l'opéra-

(1) Commines, historien français, auteur de chroniques sur les règnes de Louis XI et de Charles VIII.

tion; un peu avant la naissance du jour, il s'assura que les deux colonnes d'assaut étaient prêtes, puis il fit cesser le feu des canons et des mortiers. La neige avait cessé. Vauban se rendit alors chez le roi qui monta à cheval, et accompagné de son ingénieur se rendit sur une hauteur avoisinant le camp. Lorsque neuf heures du matin sonnèrent aux horloges de la ville, Louis XIV leva la main droite pour donner le signal de l'attaque : neuf coups de canon retentirent, au milieu d'un silence de mort; puis, au neuvième coup, les deux colonnes d'attaque s'élancèrent à l'assaut, escaladant, renversant ou tuant tout ce qui se présentait devant elles.

Cependant la fumée fut bientôt tellement épaisse que Louis XIV ne pouvait plus distinguer ce qui se passait dans la direction de la place; et quand après un assez long espace de temps le roi parvint à se rendre compte de la situation, il n'en pouvait croire ses yeux : les mousquetaires avaient franchi tous les ouvrages avancés et chassaient maintenant devant eux, sur les remparts mêmes de la ville, les défenseurs de Valenciennes. « Ils sont perdus ! » s'écria-t-il, en songeant au danger qu'ils couraient, ainsi séparés du reste de l'armée. « Non, sire, lui répondit simplement Vauban, ils prennent Valenciennes. »

En effet, voici d'après un historien, ce qui s'était passé : « Après l'assaut, les mousquetaires, jeunes et ardents gentilshommes, avaient dédaigneusement laissé aux troupes qui les suivaient le soin vulgaire de faire le logement dans l'ouvrage conquis; pour eux, ils s'étaient jetés à la poursuite des fuyards. Les grenadiers de la maison du roi, vieux soldats, ne voulurent pas aban-

VILLE ET PORT DE DUNKERQUE. (P. 71.)

donner ces vaillants étourdis ; et les uns et les autres criant : Tue ! tue ! pointant de l'épée dans la masse confuse qui roulait devant eux, allaient au hasard à travers les accidents des fortifications, palissades, fossés, traverses, descendant, montant, tournant, escaladant les ouvrages et toujours poussant au milieu d'une foule éperdue qui grossissait à mesure, mais sans résistance, et qui les aurait écrasés rien qu'en se refermant sur eux; jusqu'à ce qu'enfin, ayant traversé sur les corps amoncelés un étroit et obscur passage, ils se trouvèrent tout à coup dans la ville. »

Les mousquetaires furent alors secourus par les troupes du dehors et la garnison se rendit presqu'aussitôt après. L'assaut coûtait aux troupes françaises quarante-trois morts seulement! « Les mousquetaires, disait Vauban, ont fait en une heure ce que le plus habile ingénieur n'aurait pu terminer en plusieurs mois de travaux, de calculs et de morts. J'avais bien raison de vouloir donner l'assaut en plein jour; la nuit nous aurions, tout au plus, enlevé le premier ouvrage. »

Depuis lors, l'usage de donner l'assaut pendant le jour, introduit par Vauban, prévalut, et aucun assaut ne fut plus, désormais, donné durant la nuit.

Après Valenciennes, Louis XIV, toujours accompagné de Vauban, alla mettre le siége devant Cambrai qui capitula le 3 avril. Puis, Vauban fut envoyé à Dunkerque, afin de se rendre compte des travaux à exécuter sur ce point important. Il examina avec un soin minutieux le parti à tirer du port et de la place, et le 18 juillet 1677, il écrivit à Louvois : « Si dans très peu de temps, je ne fais pas approfondir le chenal à y faire entrer des vaisseaux de

4 à 500 tonneaux, je veux que le roi me fasse mettre sur la tête une des balises du Havre; mais il faut dès l'instant même travailler aux fascinades, et que le roi fasse état d'y dépenser cent mille livres quatre ou cinq ans durant, tant pour les entretiens que pour achever ce port dans la perfection tant de fois vantée, et, en un mot, s'en assurer et l'approfondir tout à fait, aussi bien que le canal de la fosse. Le port est d'une telle conséquence que Dunkerque, qui le doit être plus au roi qu'une province entière, ne l'est nullement sans lui, qui n'est rien du tout présentement. En un mot, je suis persuadé que Sa Majesté doit tout mettre en usage pour le faire accommoder, en dût-il prendre le fonds sur ses menus plaisirs, voire en retrancher sa propre table. Quant à moi, j'offre de bon cœur mes soins et un voyage exprès s'il le faut, eussé-je la mort entre les dents. »

Mais Vauban dut quitter Dunkerque plus tôt qu'il ne pensait le faire. Le maréchal d'Humières venait de mettre le siége devant Saint-Ghislain, place du nord de la Flandre, et l'illustre ingénieur reçut l'ordre d'aller prendre la direction des travaux du siége. « Sa Majesté, écrivait à ce sujet, Louvois au maréchal, trouve bon que vous ayez M. de Vauban avec vous; mais elle vous recommande fort sa conservation et de ne point souffrir qu'il se charge de la conduite de la tranchée. Vous savez assez le déplaisir que Sa Majesté aurait s'il arrivait quelque inconvénient à mon dit sieur de Vauban, pour qu'il soit inutile que je vous recommande sa conservation, et de vous servir de votre autorité pour empêcher qu'il se commette. » La place de Saint-Ghislain capitula le 10 décembre 1677, et Vauban ne retourna pas à Dunkerque comme il en avait le désir.

Dans le courant de février 1678, Vauban se rendit incognito dans les environs de la ville de Gand, dont il voulait que le roi se rendît maître aussitôt qu'il le pourrait. Il vécut obscurément dans un petit village de la banlieue de la ville pendant plusieurs jours, passant son temps à étudier les moyens de défense de la place et à rechercher les moyens d'attaque les plus favorables. Le 5 mars, lorsque l'armée royale arriva sous les murs de Gand, Vauban dit à Louis XIV : « Votre Majesté n'aura pas à tirer l'épée du fourreau; l'affaire sera simple et courte. En effet, cinq jours après, la place capitulait, sans que l'armée eût eu plus de quarante hommes tués et cent vingt blessés, tant les dispositions prises par Vauban avaient été efficaces.

De Gand, Louis XIV se rendit sous les murs d'Ypres, dont la prise présenta plus de difficulté que celle de Gand, mais qui n'en dut pas moins se rendre également, après un siége de sept jours.

La conquête rapide de ces deux importantes places, ayant jeté la consternation parmi les ennemis du roi de France, des pourparlers furent engagés en vue de la paix, et le 10 août 1678 le traité de Nimègue était signé. La France dut rendre les places de Courtrai, Oudenarde, Ath, Charleroi, Saint-Ghislain, Gand, etc.; mais, en revanche, elle conservait à titre définitif celles de Saint-Omer, Cassel, Aire, Ypres, Cambrai, Bouchain, Valenciennes, Condé, Maubeuge et toute la province de Franche-Comté. Le *pré carré*, tant prêché par Vauban, était désormais réalisé.

III

Le chevalier de Clerville étant mort pendant l'année 1678, Vauban fut nommé à sa place commissaire
général des fortifications, charge dont il remplissait
effectivement l'emploi depuis longtemps, sans en avoir
ni les honneurs, ni les avantages qui étaient considérables, si l'on songe que le traitement fixe du commissaire
général s'élevait à 15,600 livres d'alors et qu'il recevait,
en outre, des frais de tournée variant annuellement entre
8,000 et 24,000 livres.

Nous avons vu que, d'après le traité de Nimègue, la France
devait rendre certaines places du nord de la Flandre : Courtrai, Ath, Oudenarde, etc. Louvois conçut alors le projet
de ruiner les fortifications de ces places, avant de les
remettre aux mains des ennemis du roi ; et, à cet effet,
il écrivit à Vauban une lettre dans laquelle il lui donnait
les instructions suivantes : « Voir comment l'on pourrait dégrader et détériorer les plus essentielles fortifications, sans que l'on puisse se plaindre que l'on rase les
places. Sa Majesté croirait que pour cet effet il faudrait
gâter les bâtardeaux de Courtrai, ceux d'Oudenarde et
les radiers ; on ferait ensuite jouer, de manière à ce que
les eaux les achevassent de ruiner..... Mais vous jugerez
bien que tout cela doit se faire assez délicatement pour
que l'on ne puisse point en avoir de reproches bien
fondés. »

Mais cette besogne peu délicate déplut au caractère
profondément honnête et loyal de Vauban ; il se refusa

à l'accomplir et écrivit dans ces termes au ministre : « Ce que j'ai fait de mieux est d'avoir reconnu les endroits par où nous pouvions rentrer dans ces places, en faisant de bons plans et des mémoires de leur attaque qui, étant un jour bien suivis, vaudront moitié besogne faite, et nous conduiront à leur prise en toute sûreté. »

Depuis longtemps, Vauban voulait fortifier d'une manière particulière les places de Lorraine, dites des Trois-Evêchés : Metz, Toul et Verdun ; la paix de Nimègue lui donna le loisir de mettre ce projet à exécution, et ayant obtenu du roi les crédits nécessaires, il rendit ces places, la première surtout, véritablement redoutables. Les sommes dépensées alors pour la ville de Metz, seule, ne s'élevèrent, en effet, pas à moins de sept cent six mille quatre cent vingt livres.

Vauban retourna ensuite à Dunkerque dont l'achèvement lui tenait toujours au cœur ; et nous avons de lui, à cette époque, une bien curieuse correspondance échangée avec Louvois. Le ministre, dans un de ces moments d'humeur qui lui étaient coutumiers, lui ayant adressé des reproches mal fondés et assez vertement formulés, Vauban, qui avait le sentiment de sa valeur, lui répondit : « Quand je serais un innocent qui n'aurait jamais vu de fortifications ni d'attaque de places, vous ne me traiteriez pas plus mal, ni avec plus de méfiance que vous faites... Tout ce que je puis vous dire, c'est que je ne toucherai assurément pas au canal de Bergues, si vous ne parlez autrement. Sur ce, prenez telle mesure qui vous plaira. »

Et, quelques semaines après, encore à propos d'autres travaux : « ... Contre moi qui suis sur les lieux, avec mes yeux et toutes les lumières qu'il a plu à Dieu de me départir, qui fais métier de bâtir des fortifications et d'en faire prendre, et l'homme en un mot à qui je trois vous ne prétendez pas rien disputer sur cela. Décidez donc tout ce qui vous plaira d'autorité sur cet article, et ne prétendez plus me convaincre par raison, puisque je l'ai tout entière de mon côté, et, au nom de Dieu, finissons la chicane, puisque ni plus ni moins, après celle-ci, je ne réponds plus sur la redoute ni sur la corne. » Cependant, quelques jours après Vauban, dans une nouvelle lettre, revient sur les termes un peu vifs de la précédente : « Je vous supplie très humblement, écrit-il à Louvois, d'avoir un peu de créance à un homme qui est à vous et de ne vous point fâcher si, dans celles que j'ai l'honneur de vous écrire, je préfère la vérité, quoique mal polie, à une lâche complaisance qui ne serait bonne qu'à vous tromper, si vous en étiez capable, et à me déshonorer... Trouvez donc bon, s'il vous plaît, qu'avec le respect que je vous dois, je vous dise librement mes sentiments dans cette matière. Vous savez mieux que moi qu'il n'y a que les gens qui en usent de la sorte qui soient capables de servir un maître comme il faut. »

Louvois, dans cette circonstance, fit preuve d'esprit ; il parut ne s'être pas aperçu de la liberté prise par Vauban dans sa correspondance et lui répondit : « Je ne comprends pas ce que veut dire la fin de votre lettre, par laquelle il me semble que vous vous excusiez de me dire la vérité avec trop de franchise. Je ne pense point vous avoir jamais témoigné désirer autre chose que de savoir, et je vous répète présentement que si j'ai à espérer quelque reconnaissance de vous avoir donné occasion de faire votre fortune, ce ne sera jamais autre chose que d'être informé, à point nommé, de ce qui se passe et de ce que vous croyez que l'on doit faire, quand même que vous auriez connu par mes lettres que cela est contre mon sens. »

On s'est souvent demandé comment deux hommes aussi dissemblables de caractère que Louvois et Vauban avaient pu conserver, suivant l'expression d'un historien, « ce long commerce d'affection et d'estime réciproque qu'aucun nuage ne devait jamais troubler. » C'est parce que, ajoute cet historien, M. Georges Michel, « aux commandements souvent impérieux de Louvois, à sa rudesse, à ses emportements, Vauban opposera toujours une soumission pleine de dignité, et fera passer les intérêts du roi avant toute considération personnelle. Mais cette soumission n'aura rien de bas ni de servile; il saura courageusement tenir tête au ministre et ne lui sacrifiera rien de ce qu'il regarde comme juste et raisonnable. De son côté, Louvois ne négligera aucune occasion de témoigner à son subordonné la profonde estime qu'il ressent pour son noble caractère, et le cas qu'il fait de ses services. » Et si l'exemple que nous avons cité plus haut ne suffisait point pour affirmer cette opinion, le fait suivant ne laisserait à ce sujet aucun doute.

En 1671, alors que Vauban était occupé à travailler aux fortifications d'Arras, quelques officiers de cette garnison se plaignirent au ministre de la guerre d'injustices et de fraudes dont leurs soldats, employés aux fortifications, auraient été victimes de la part des ingénieurs. Louvois ayant, sur le simple vu de cette plainte, écrit à Vauban une lettre dans laquelle il laissait percer une certaine méfiance, celui-ci lui répondit : «... Quant à moi qui ne suis pas moins accusé qu'eux et qui, peut-être, suis encore plus coupable, je vous supplie et vous conjure, si vous avez quelque bonté pour moi, d'écouter tout ce que l'on pourra dire contre et d'approfondir, afin d'en découvrir la vérité ; et si je suis trouvé coupable, comme j'ai l'honneur de vous approcher plus près que les autres, et que vous m'honorez d'une confiance plus particulière, j'en mérite une bien plus sévère punition. Cela veut dire que si les autres méritent le fouet, je mérite au moins la corde ; j'en prononce moi-même l'arrêt, pour lequel je ne veux ni quartier ni grâce... »

« Examinez donc hardiment et sévèrement, bas toute tendresse, car j'ose bien vous dire que sur le fait d'une probité très exacte et d'une fidélité sincère, je ne crains ni le roi ni vous, ni tout le genre humain tout ensemble. La fortune m'a fait naître le plus pauvre des gentilshommes de France ; mais, en récompense, elle m'a honoré d'un cœur sincère, si exempt de toute sorte de friponneries, qu'il n'en peut même souffrir l'imagination sans horreur. »

Un de nos grands écrivains du XIXe siècle, Sainte-Beuve, n'a pu retenir un cri d'admiration à la lecture de ces nobles paroles. « Cette lettre, dit-il dans ses *Nouveaux lundis*, est à encadrer dans un cadre d'or ; elle est à mettre à côté de telle page de l'Hôpital, de telle allocution de Gerson, de telle réponse de ces vieux et grands parlementaires, Achille de Harlay ou de la Vacquerie. C'est l'éloquence du cœur toute pure et toute crue. »

IV

Quelque temps avant sa mort, le chevalier de Clerville avait présenté au ministre de la marine un plan pour la reconstruction des fortifications et de l'arsenal de Toulon; mais ce plan avait été jugé trop mesquin par Colbert qui dit, après l'avoir vu : « Nous ne sommes pas en un règne de petites choses, et il est impossible d'imaginer rien de trop grand. » Vauban fut donc chargé d'étudier un nouveau projet de défense de ce grand port de mer, le plus important que la France possédât sur la Méditerranée. Le nouveau commissaire général des fortifications se rendit donc à Toulon, et après s'être rendu compte des travaux à exécuter pour mettre ce port en état de défense, il adressa à Colbert un rapport qui fut approuvé en tous points par le roi et par son ministre, lequel écrivit à ce sujet à l'intendant de Toulon : « ... Sa Majesté approuve tout ce que le sieur de Vauban propose pour la nouvelle enceinte. Elle n'a encore rien vu de mieux pensé sur ce sujet... » Les travaux du port de Toulon occupèrent Vauban jusqu'à la fin de l'année 1681, époque à laquelle Louis XIV lui écrivit de se rendre à Strasbourg, dont il venait de se rendre maître, afin de mettre cette ville en état de défense.

Vauban traversa donc une fois de plus toute la France, à cheval, marchant à petites journées et travaillant ensuite chaque soir jusqu'à minuit. « Lorsqu'on songe aux fatigues excessives qu'entraînait alors un voyage accompli à cheval au cœur de l'hiver, dit M. Michel, quand

ajoute à ces fatigues et à ces privations les préoccupations morales résultant d'une série d'entreprises considérables, rendues plus ardues encore par le mauvais
vouloir des intendants et l'inertie des chefs supérieurs,
on s'étonne qu'un homme ait pu allier à un tel degré la
vigueur physique à une force morale peu commune.
Pendant quarante ans, Vauban n'aura pas un seul instant de repos. Aux innombrables siéges qu'il dirige en
personne, succèdent des travaux de reconstruction aussi
pénibles, mais moins glorieux, dans lesquels il dépen-
sera sans compter sa vie, sa santé, son génie. Trois ou
quatre fois, dans le cours de sa longue carrière, il ten-
tera d'échapper aux soucis des affaires, en se réfugiant
dans les montagnes du pays natal, pour y goûter les
joies de la vie de famille; mais la guerre interrompra
ces courts moments de répit et le rappellera, après quelques semaines, à la vie active. Il acceptera cette rude
existence, sans se plaindre, sans récriminer et sans que
jamais son admirable bonne humeur — qui est un des
traits distinctifs de son caractère — soit un instant
altérée. »

Vauban rédigea sur la défense de Strasbourg un mémoire ne contenant pas moins de deux cents articles et
qui fut approuvé dans tous ses détails par Louis XIV.
La ville de Strasbourg fut donc fortifiée suivant les
plans de l'illustre ingénieur, et ce sont les fortifications
élevées par Vauban qui, en 1870, empêchèrent les Allemands de prendre par la force la capitale de l'Alsace.
L'enceinte de Strasbourg se composait de dix-sept bastions. La citadelle, en forme de pentagone, réunie à la
place par des lignes de défense, semblait former à elle

VAUBAN DIRIGEANT LES TRAVAUX DE FORTIFICATION DES PLACES
DE L'ALSACE. (P. 80.)

seule une seconde place séparée de la ville par tout un système d'ouvrages qui s'élevaient du sein des eaux. L'aspect de cet ensemble de fortifications s'étendant à perte de vue dans la plaine, était profondément imposant. Pour entrer dans Strasbourg, les Badois du général Werder durent, pour ainsi dire, réduire en cendres l'héroïque cité, bien que depuis deux cents ans il n'y eût pas été ajouté un seul ouvrage, afin de mettre le chef-d'œuvre de Vauban en rapport avec les progrès de la guerre moderne. Vauban, lui, avait compris, de suite, l'importance capitale de Strasbourg contre l'Allemagne; aussi avait-il fait écrire sur une des pierres de l'enceinte cette fière devise, devenue vaine, hélas! par notre faute : « *Clausa germaniæ Gallia.* » (La France fermée à l'Allemagne!)

Après Strasbourg, Vauban fortifia les autres places de l'Alsace : Landau, Huningue, Bitche, Phalsbourg, Sarrelouis, etc., qu'il relia avec les places du nord, formant ainsi autour du royaume une triple ligne de forteresses, contenant chacune de vastes casernes et d'immenses arsenaux.

La même année, Vauban fit reprendre les travaux de Dunkerque auxquels trente mille hommes furent dès lors employés sans interruption. Louis XIV voulut visiter ces gigantesques chantiers dans lesquels Vauban, à l'aide d'une discipline sévère, mais paternelle, entretenait un ordre admirable. Il en revint émerveillé et ne tarissant pas en éloges sur son grand ingénieur.

Un historien a tracé le tableau suivant des chantiers de Dunkerque : « A quatre heures du matin, un coup de canon annonçait le réveil; à ce signal, dix mille hom-

mes prenaient les armes, marchaient en ordre de bataille
jusqu'aux chantiers, où ils posaient leurs armes pour
prendre des outils. A neuf heures, un autre coup de
canon leur faisait quitter le travail pour retourner au
camp; dix mille autres revenaient dans le même ordre
et quittaient à un troisième coup de canon, vers les
quatre heures de l'après-midi; les dix mille restant
travaillaient jusqu'à huit heures du soir. Ainsi, ces
trente mille hommes, dirigés par leurs officiers et animés
par la présence du roi, qui montait à cheval régulièrement deux fois par jour, travaillèrent avec tant de dili-
gence dans le courant de l'été, que les travaux furent
portés à un point d'avancement bien supérieur à celui
que l'on pouvait espérer. »

Vauban, dont la modestie était cependant très grande,
ne pouvait s'empêcher de considérer son œuvre avec un
bien légitime orgueil : « Dès l'heure qu'il est, écrivait-il
à Louvois, le 16 décembre 1683, le port et son entrée
me paraissent une des plus belles choses du monde et
la plus commode; et si je demeurais six mois à Dunkerque, je ne crois pas que ma curiosité ni mon admiration
seraient épuisées, quand je les verrais tous les jours
une fois. » Les avis étaient, du reste, unanimes sur ce
point et Colbert lui écrivait en en parlant : « Je ne doute
pas que vous ne considériez ce travail comme l'une des
plus belles choses que vous ayez faites jusqu'à ce jour. »
Dunkerque est, en effet, aujourd'hui encore, considéré
comme le premier des chefs-d'œuvre de Vauban qui,
suivant l'expression de Colbert, « augmenta ainsi la puissance du roi sur mer autant qu'il l'avait fait sur terre, en
dirigeant tant de siéges et en construisant tant de forteresses. »

V

Il ne faudrait pas croire cependant que Vauban était entièrement absorbé par les gigantesques travaux de Dunkerque, qui, malgré toute l'activité qu'on y apportait, n'étaient pas encore terminés huit ans après leur commencement. Entre temps, il trouvait le moyen de se rendre un peu partout, afin d'entreprendre ou d'achever d'autres travaux. En 1678, il va surveiller à Calais l'exécution des plans d'aménagement du port et de défense de la ville qu'il avait tracés quelque temps auparavant. Puis, à côté de cette place, il fonda le fort de Neulay qui, avec les canaux dont il l'entoure, peut inonder tout le pays environnant. Il va ensuite à Ypres où il achève le fort Lakenoque. Il remet en état les places de Charlemont et de Maubeuge qui relient la ligne de défense de la Meuse à celle de l'Escaut.

L'année suivante, Vauban ajoute de nouveaux ouvrages à Besançon, et à Pignerol, parcourt les places de la Méditerranée, du Roussillon et des Pyrénées jusqu'à Bayonne, dont il fait une forte place de dépôt et construit les forteresses de Saint-Jean-Pied-de-Port, de Navarreins et d'Hendaye, pour protéger de ce côté la France contre l'Espagne.

En 1680, ce sont les côtes de l'Océan qui sont plus particulièrement l'objet de ses préoccupations. Il trace les plans de la citadelle de Saint-Martin-de-Ré, du port et de la place du Brouage, ainsi que ceux des ports et des forts de Rochefort et de Brest. Enfin, il signale l'importance de Cherbourg, qu'il dit être, pour notre marine, l'*Auberge de la Manche.*

Les années 1681 et 1682 virent s'exécuter les travaux de Strasbourg et des places de l'Alsace, dont nous avons parlé plus haut; puis le port d'Antibes, la citadelle de Belle-Ile-en-Mer, les jetées de Honfleur et de Dieppe, les forts de Saint-Valéry et d'Ambleteuse, etc., etc.

« Jamais, dit le colonel Allent, dans son *Histoire* du corps du génie, on ne vit un génie plus vaste et plus prompt, et tant de sagesse unie à tant de vivacité. Des travaux immenses et qu'il est impossible ici d'énumérer, sont en activité sur toutes les frontières de terre et de mer du royaume, variés dans leur nature, dans leur formé et dans leur grandeur comme le sol qu'ils occupent et les objets qu'ils doivent remplir. Là, des places neuves; ici, des ports, plus loin de vieilles forteresses dont il faut augmenter la force et corriger les défauts. Ce sont des anses, des passes, des rivières, des canaux, des marais, des cols, des rochers, des défilés qu'il faut tenir, défendre et faire servir à la défense. Le même homme conçoit tout, anime tout, et est partout. Au bord de la mer, sur les fleuves, dans les marais, au sommet des montagnes, son coup d'œil sûr et rapide embrasse le système de défense du territoire entier, saisit, démêle et fixe les rapports offensifs du terrain, des eaux, des routes, des forteresses et des armées. »

En effet, ce qui est surtout remarquable dans Vauban, c'est qu'il « ne s'attacha pas uniquement à pourvoir aux exigences immédiates de la situation. Il porta ses regards vers l'avenir avec l'intuition du génie; il prévit

que, dans un temps donné, cette ceinture de fer dont il
avait entouré la France, ne serait plus une barrière suf-
fisante. » Et c'est là justement ce qui a surtout conquis
à Vauban, dit l'écrivain à qui nous empruntons ces
lignes, M. Mellion, c'est là ce qui a surtout conquis à
Vauban l'immense admiration des hommes de guerre.
C'est sa conception d'un système rationnel de défense,
c'est cette idée générale — si vivement appréciée par
Carnot — de relier les diverses places entre elles, « de
faire concourir toutes ces défenses particulières à la
défense générale de l'Etat, de considérer l'Etat tout entier comme une grande place forte dont les divers points
se doivent une mutuelle protection. »

Vauban, dit encore un autre historien, ne fit en apparence que suivre les idées qui avaient déjà cours avant
lui; mais « il dut sa supériorité à ce qu'il conçut un
système général de fortifications de la France et qu'il
construisit et répara les villes fortes d'après un plan
uniforme et de manière à les défendre les unes par les
autres. Il fut le premier qui se préoccupa, non pas seulement de rendre une citadelle inexpugnable, mais d'entourer la France d'une triple enceinte de forteresses,
pour arrêter à chaque pas une invasion étrangère, servir
de base à l'action des armées de secours, et présenter
ainsi à l'ennemi un front formidable. Lorsque les autres ingénieurs n'avaient montré que leur habileté de
spécialistes, Vauban avait consacré à son œuvre les
longues méditations et les savants calculs de son génie. »

Et cependant, après qu'il eut accompli cette œuvre
immense et admirable, Vauban disait modestemet en

parlant de lui : « Après quarante ans d'application, je ne me trouve qu'un demi-ingénieur! »

Les hommes de guerre de notre temps sont moins modestes que Vauban, mais, hélas! aussi moins habiles à défendre nos forteresses!

CHAPITRE V

I

Vauban n'avait, depuis 1678, c'est-à-dire depuis cinq
ans, prit part à aucune campagne, lorsque au mois de
septembre 1683, il reçut l'ordre de se rendre devant
Courtrai qu'allait assiéger l'armée commandée par le
maréchal d'Humières. Comme il l'avait fait pour le siége
de Saint-Ghislain, Louis XIV fit recommander au maréchal de veiller avec la plus grande attention à la conservation du savant ingénieur. Mais, il paraît que la tâche
n'était pas toujours facile, car on lit dans une lettre de
M. d'Humières à Louvois : « Je n'ai jamais pu empêcher
M. de Vauban d'aller dans la ville pendant l'attaque de
la citadelle ; il m'a promis positivement qu'il ne bou-
gerait de son logis où il se ferait rendre compte par ses
ingénieurs de ce qui se passerait. J'ai même chargé

M. le marquis d'Huxelles de ne point le quitter et de l'empêcher d'approcher de la citadelle. Nous avons pensé nous brouiller là-dessus; vous savez qu'on ne le gouverne pas comme on voudrait, et si quelqu'un mérite d'être grondé, je vous assure que ce n'est pas moi. » La ville et la citadelle de Courtrai ne demandèrent qu'un siége de quelques jours.

L'année suivante, Louvois voulut bombarder quelques villes des Flandres et, à cet effet, il prit l'avis de Vauban qui lui répondit que le dommage en surpasserait tellement le profit qu'il ne voyait pas de raisons pour obliger à le faire. Louvois et Vauban avaient, du reste, sur cette question du bombardement des villes, des idées absolument opposées. Le premier avait pour système, comme il le disait lui-même, de faire crier les peuples, en les « mattant » (accablant) de calamités, pillages, massacres, incendies, bombardement, afin que leur cri obligeât les gouvernements ennemis à céder. A cet effet, il avait obtenu de Louis XIV la création de deux compagnies de bombardiers, « parce que, disait-il, si les vingt mortiers pouvaient être servis continuellement, on détruirait assurément une ville en trois jours ou on l'obligerait à se révolter. »

Vauban, au contraire, avait pour principe que les habitants devaient rester neutres et que leurs édifices devaient être respectés. C'était la fortification seule qu'il assiégeait; aussi, dans les siéges qu'il conduisait, ce n'était que des combats de soldat à soldat, entre une garnison et une armée. « Ce qui restait du droit des gens des barbares, dit en parlant de Vauban un historien militaire, fut aboli, non seulement comme atroce, mais comme inutile et préjudiciable. Sur ce théâtre de destruction et de carnage, un homme vint dont l'âme et le cœur guidaient le génie ; et son art servit, à la fois, la guerre et l'humanité. » Vauban sauva ainsi les places de Flandre du bombardement.

Bien que Vauban eût écrit à Louvois que « le brûlement des maisons, dans un lieu où les plus forts sont les plus intéressés à leur conservation, ne hâte guère la prise des places, celui-ci n'en fit pas moins bombarder, pendant cinq jours, la ville de Luxembourg, avant de la faire assiéger par le maréchal de Créqui, dans les premiers mois de l'année 1684. Vauban fut naturellement chargé de la direction des travaux d'approche de cette place, considérée comme l'une des plus fortes de l'Europe. Il avait soixante ingénieurs sous ses ordres, et Louvois, dans ses instructions à Créqui, disait à celui-ci comme l'année précédente à d'Humières : « Sa Majesté recommande de donner de tels ordres que l'on empêche que le sieur de Vauban ne s'expose inutilement. » Malgré cela, Vauban ne voulut céder à personne le soin d'aller reconnaître la place et de faire établir les ouvrages avancés. Aussi, le maréchal de Créqui était-il dans des transes continuelles et il écrivait à Louvois : « Un de mes principaux objets, c'est de ménager M. de Vauban et de le contenir ; mais je ne le fais pas autant qu'il serait à désirer ; il m'a pourtant promis fort sérieusement qu'il ne s'attacherait qu'au nécessaire, retranchant tout le reste. »

La conservation d'une vie si précieuse était devenue une véritable affaire d'Etat ; « conservez-vous mieux que vous n'avez fait par le passé, écrivait Louvois à Vauban, l'emploi que vous avez vous obligeant assez à vous exposer, sans que vous vous amusiez à carabiner de dessus des cavaliers. » Cependant, Vauban n'avait pas cette témérité qu'il reprochait si fort aux gentilshommes d'alors, au point de traiter « d'ânerie » toute action d'éclat inutile, toute bravade intempestive. Comme on l'a dit avec juste raison, sa valeur devant l'ennemi n'était pas de l'élan, mais un effet de sa volonté. Il ne cherchait pas le danger et ne mettait aucune gloire à braver inutilement la mort. Il s'exposait dix fois par jour, mais dans un but déterminé et pour se rendre exactement compte des travaux qu'il ordonnait; il avait, en un mot, cette bravoure que Carnot appelle : « Celle qui voit la mort et l'envisage de sang-froid, qui se poste là où la foudre éclate, non pour agir, mais pour observer.

Le merveilleux sang-froid dont il était doué sauva, d'ailleurs, plusieurs fois la vie à Vauban. Une nuit, entre autre, s'étant avancé jusqu'à la palissade des retranchements ennemis, soutenu par des grenadiers couchés à plat ventre, il fut découvert par les assiégés. Déjà, les mousquets s'abaissaient vers lui, prêts à faire feu. Avec le plus grand calme, il fit signe aux ennemis de ne pas tirer et continua à marcher vers eux. Ceux-ci le prenant pour un de leurs officiers, le laissèrent continuer tranquillement son inspection et il put ainsi examiner, tout à son aise, les ouvrages avancés de la place.

Ce fut pendant le siége de Luxembourg que Vauban inventa les cavaliers de tranchée, sortes de petits logements en terre qu'il eut l'idée de faire élever sur le prolongement des contrescarpes, et qui dominaient les crêtes de deux mètres, tout en abritant parfaitement les assiégeants. Louis XIV fut vivement frappé de cette invention, et Louvois écrivit aussitôt à Vauban : « Le roi a admiré l'industrie avec laquelle vous êtes venu à bout de faire des logements sur la contrescarpe, sans perdre personne. Vous me ferez plaisir de m'envoyer un profil de ces petits cavaliers. »

L'établissement des lignes de circonvallation avait demandé quinze jours et la tranchée n'avait pu être ouverte que le 8 mai. Louvois, impatient, écrivit à Vauban pour lui demander à quelle époque la place serait enlevée, à quoi celui-ci répondit : « Quand je verrai jour à pouvoir vous faire des pronostics sur l'avenir avec quelque apparence de certitude, je ne manquerai pas de le faire ; mais trouvez bon que je ne m'érige pas en mauvais astrologue. Il y a de certains événements dont Dieu seul sait le succès et le temps qu'ils doivent arriver. C'est aux hommes à y apporter tout ce qu'ils savent de mieux pour les faire réussir, comme je ferai, Dieu aidant. »

Enfin, le 3 juin, la place capitula et Vauban écrivit aussitôt au ministre : « Voici enfin ce terrible Luxembourg réduit au point que vous désiriez ; je m'en réjouis de tout mon cœur, pour le grand bien qui en reviendra au service du roi. C'est la plus belle et glorieuse conquête qu'il ait jamais faite en sa vie, et celle qui lui assure le mieux ses affaires de tous côtés. » Louvois lui répondit : « Cette conquête me paraît d'un prix inestimable pour la gloire du roi et pour l'avantage de ses sujets ; il me paraît que Sa Majesté la connaît telle qu'elle est ; et je lui ai vu une joie sensible quand Sa

Majesté a appris la fin du siége, sans qu'il vous fût
arrivé d'accident. La satisfaction que Sa Majesté a du
service que vous lui venez de rendre, l'a portée à vous
donner trois mille pistoles par gratification. »

Cependant, pour tous ceux qui avaient assisté au siége
de Luxembourg et qui avaient vu la façon dont en avaient
été conduites les opérations, Vauban méritait mieux que
cette gratification pécuniaire, aussi importante qu'elle
fût; aussi, tout le monde s'attendait à voir Vauban ré-
compensé du succès de cette gigantesque entreprise,
par le grade de lieutenant-général, pour lequel tant de
titres le désignaient depuis longtemps déjà. Il n'y avait
qu'une voix dans toute l'armée, même dans tout le
royaume et jusqu'à l'étranger à ce sujet; et Vauban dut
écrire la lettre suivante à Louvois : « Je ne sais comme
quoi le monde l'entend, mais je me trouve obligé de
vous demander justice sur une forfanterie que l'on me
fait depuis le siége de Luxembourg et dont je ne peux
arrêter le cours. On m'écrit de toutes parts pour me
féliciter, dit-on, sur ce que le roi a eu la bonté de me
faire lieutenant-général; même on l'imprime dans les
Gazettes de Hollande. Cependant ceux qui le doivent
mieux savoir n'en mandent rien; faites donc, s'il vous
plaît, monseigneur, ou qu'on me rende le port de 80 ou
100 lettres que j'en ai payé, ou que tant de gens de bien
n'en soient point dédits, en procurant auprès de Sa
Majesté que je le sois effectivement. Vous ne devez
point appréhender les conséquences; je n'en ferai aucune, et le roi n'en sera pas moins servi à sa mode.
Tout le changement que cela produira est que j'en re-
nouvellerai de jambes, et toute la suite que j'en attends

est un peu d'encens chez la postérité, et puis c'est tout. »

Mais Louis XIV, malgré l'estime toute particulière dans laquelle il tenait Vauban et toute la reconnaissance qu'il lui devait, ne crut pas devoir confirmer la récompense légitime que l'opinion publique avait spontanément et unanimement décernée au grand ingénieur et Louvois dut répondre à Vauban : « Je ne réponds point au surplus de ce que vous m'écrivez, pour ne pas vous mander quelque chose qui vous déplaise. Je vous dirai seulement, par l'amitié que j'ai pour vous, qu'il faut regarder derrière soi, et que, pour peu que vous y fassiez réflexion, vous aurez sujet d'être content des grâces que Sa Majesté vous a faites, et que vous devez attendre avec patience et soumission celles que vous lui demandez. »

Vauban s'inclina sans murmurer devant la volonté du roi et quelque sensible que dut lui être ce refus, alors qu'il avait déjà reçu les félicitations de tous ses compagnons d'armes, il n'en continua pas moins à servir avec tout le zèle et tout le dévouement dont il était capable.

M. Camille Rousset, dans son *Histoire de Louvois*, donne de ce refus les raisons suivantes : « D'abord, c'était une nouveauté que demandait Vauban, et Louis XIV n'aimait pas les nouveautés; il fallait qu'il prît son temps, avant d'y accoutumer peu à peu son esprit. Vauban demandait une chose inouïe, qu'un ingénieur, confiné il n'y avait pas si longtemps dans les bas grades, pût s'élever, comme les autres, au faîte de l'armée..... Il y avait encore ce fait grave aux yeux de Louis XIV : c'est que le public faisait Vauban lieutenant-général; or, Louis XIV n'aimait pas que le public devançât ses grâces; cela lui paraissait une atteinte à son autorité souveraine. Enfin, le maréchal de Créqui fut peut-être celui qui, sans le vouloir et sans le savoir, empêcha le plus que Vauban ne fût lieutenant-général; c'est en demandant pour lui-même la charge de maréchal général qui avait été créée pour Turenne, qui était morte avec lui, et que ni Louis XIV ni Louvois ne voulaient en ce temps-là ressusciter pour personne. Le maréchal de Créqui, commandant en chef de l'armée qui avait pris Luxembourg, ne put pas obtenir la haute dignité qu'il souhaitait; Vauban, qui avait servi sous les ordres du maréchal, ne put, à cause de cela, gagner son titre de lieutenant-général. »

II

Aux travaux de la guerre succédèrent cette année-là, pour Vauban, les travaux de la paix. Madame de Maintenon demanda au roi de charger Vauban d'amener à Versailles les eaux qui manquaient à cette ville, pour l'embellissement de la résidence royale.

Le grand ingénieur Riquet, l'auteur du magnifique canal du Languedoc qui réunit l'Océan à la Méditerranée, avait proposé d'amener les eaux de la Loire; mais son projet n'avait pas été accepté. Vauban, consulté, examina la question, et proposa la dérivation des eaux de l'Eure. Son projet fut favorablement accueilli et 22,000 hommes et 6,000 chevaux furent mis à sa disposition pour son exécution.

Vauban fit construire un immense aqueduc, partant de Pontgouin, près de Chartres, et passant par Maintenon. Les travaux commencés en 1685, furent continués jusqu'en 1688; mais à cette époque, les maladies ayant causé de profonds ravages parmi les troupes employées à cette œuvre gigantesque, on dut les cesser et ils ne furent jamais repris.

Vauban fut ensuite chargé d'aller visiter le canal du Languedoc que la mort de Riquet, survenue en 1680, avait laissé presque sans surveillance. Il s'acquitta de cette mission avec le plus vif intérêt et rédigea sur ce sujet un long mémoire, dans lequel il disait que ce canal était, à ses yeux, « le plus grand et le plus noble ouvrage de ce genre qu'on eût encore entrepris, et qui pouvait devenir la merveille de son siècle s'il avait été poussé aussi loin qu'on l'aurait pu mener. » Quand il eut visité le gigantesque réservoir de Saint-Féréol, Vauban, rempli d'admiration pour une telle œuvre, dit aux personnes qui l'accompagnaient : « Il manque pourtant une chose : c'est la statue de Riquet. » Cet oubli est aujourd'hui réparé : la ville de Toulouse a élevé une statue à Riquet, au bord même du canal dont il a été le créateur.

III

Le 22 octobre 1685, Louis XIV signait la révocation de l'Edit de Nantes et des milliers de protestants sortaient de France, emportant à l'étranger une partie de la richesse intellectuelle et matérielle du pays. L'armée, à

elle seule, perdait du coup deux de ses meilleurs
généraux, le maréchal de Schomberg et le lieutenant-
général de Ruvigny; 600 officiers, 12,000 soldats et 9,000
matelots s'en allèrent grossir, en grande partie, les
rangs des ennemis de Louis XIV.

Deux hommes en France élevèrent la voix pour pro-
tester contre cet acte impolitique et inhumain qui fut la
plus grande faute, peut-être, de tout le règne de
Louis XIV; ces deux hommes furent Catinat et Vauban.
« Catinat, Vauban! comme ces grands noms vont bien
ensemble, dit un historien; ces deux hommes, unis
pendant la vie par une communauté de sentiments, de
vertus et de génie, méritent de ne pas être séparés dans
les hommages de la postérité! » C'est qu'il fallait, en
effet, à l'époque où vivaient Catinat et Vauban, un grand
courage pour oser qualifier, comme tous deux le firent,
la persécution religieuse par laquelle Louis XIV « es-
pérait racheter les scandales et les fautes de sa vie. »
Mais, l'un et l'autre, malgré leur respect pour le roi,
ignoraient la flatterie et n'hésitaient jamais à faire entendre la voix de la vérité, aussi désagréable qu'elle pût
être au grand roi et à ses ministres.

Vauban profita d'un séjour qu'il fit alors dans son pays
natal, pour rédiger un long et remarquable mémoire
dans lequel il protestait hautement contre la révocation
de l'Edit de Nantes, en appuyant sa protestation d'argu-
ments contre lesquels ni Louis XIV ni ses conseillers
ne pouvaient rien trouver à dire. « Les rois sont bien
maîtres des vies et des biens de leurs sujets, dit Vauban
dans son Mémoire, mais jamais de leurs opinions, parce
que les sentiments intérieurs sont hors de leur puis-

sance, et Dieu seul les peut diriger comme il lui plaît. »

Puis, il énumère les maux que la mesure royale a causés :

1° La désertion de 80 ou 100,000 personnes de toutes conditions sorties du royaume, qui ont emporté avec elles plus de 30 millions de livres d'argent le plus comptant;

2° Nos arts et nos manufactures particulières, la plupart inconnus aux étrangers, qui attiraient en France un argent très considérable de toutes les contrées d'Europe;

3° La ruine la plus considérable du commerce;

4° Il a grossi les flottes ennemies de 8 à 9,000 matelots, des meilleurs du royaume.

5° Et leurs armées de 5 à 600 officiers et de 10 à 1,2000 soldats, beaucoup plus aguerris que les leurs, comme ils ne l'ont fait que trop voir dans les occasions qui se sont présentées de s'employer contre nous.

Et Vauban propose catégoriquement au roi de rétablir l'Edit de Nantes « purement et simplement au même état qu'il était ci-devant. » « J'avoue, ajoute-t-il, qu'il est dur à un grand prince de se rétracter des choses qu'il a faites; mais Sa Majesté doit considérer que c'est la France en péril qui lui demande secours contre le mal qui la menace.

Mais les sages conseils de Vauban ne furent pas écoutés. Il avait adressé un exemplaire de son mémoire à madame de Maintenon, afin de le faire passer sous les yeux du roi. Madame de Maintenon ne lui fit même pas l'honneur d'une réponse. Quant à Louvois, il lui renvoya son manuscrit, en lui disant « qu'il ne l'avait jamais vu se tromper aussi lourdement et que l'air de Bazoches (son pays natal) lui avait bouché l'esprit! »

Cela n'empêcha pas Vauban de continuer à dire la vérité au roi, comme à Louvois et aux autres ministres, chaque fois qu'il en trouva l'occasion. A Louis XIV, par exemple, il dira dans un mémoire qu'il lui adresse, pour l'engager à économiser les sommes considérables qu'il dépense en voyages de guerre : « Si Sa Majesté veut bien se réduire désormais à faire le personnage d'un grand roi, qui est le seul qui convienne à son âge et à sa grandeur, au lieu de celui d'un de ses généraux, ou tout au plus de son connétable, pendant que toutes les parties de son royaume souffrent de son absence dans le temps que sa présence y est plus nécessaire, elle fera un très grand plaisir à sa cour et à tous ses sujets, et épargnera annuellement plus de 600,000 livres. »

Une autre fois, il écrira au ministre Le Pelletier qui n'avait pas osé montrer une de ses lettres au roi, tant les termes lui en avaient paru osés : « Le roi, de qui j'ai l'honneur d'être connu à fond, est accoutumé à toutes mes libertés, et dès que je cesserai d'être libre, il me prendra pour un homme qui devient courtisan et n'aura pas de créance en moi. Il vaut mieux, s'il vous plaît, avoir la bonté de lui dire les choses comme je les écris. Sa Majesté sachant mieux que personne que je n'ai nulle intention, me pardonnera plutôt qu'un autre les grossièretés qui m'échapperont. »

Aussi, est-ce avec juste raison que Fontenelle, qui l'avait connu, a pu dire de lui : « Il était passionnément attaché au roi, sujet plein d'une fidélité ardente et nullement courtisan ; il aurait infiniment mieux aimé servir

que plaire. Personne n'a été si souvent que lui l'intro-
ducteur de la vérité, il avait pour elle une passion presque imprudente et incapable de ménagements. Ses
mœurs ont tenu bon contre les dignités les plus bril-
lantes et n'ont pas même combattu. En un mot, c'était
un Romain qu'il semblait que notre siècle eût dérobé
aux plus heureux temps de la République. »

IV

La révocation de l'Edit de Nantes eut, en outre, pour
conséquence une nouvelle coalition contre la France.
Cette coalition, connue dans l'histoire sous le nom de
Ligue d'Augsbourg, comprenait, avec l'empereur d'Allemagne, les rois d'Espagne et de Suède, l'électeur de
Bavière, les princes de Saxe et presque tous les petits
Etats de l'Allemagne. En présence de cette coalition,
Louis XIV dut prendre de nouvelles mesures défen-
sives et Louvois écrivit aussitôt à Vauban, qui, comme
nous l'avons vu tout à l'heure, se trouvait alors dans son
château du Morvan, de rentrer à Paris, pour de là se
rendre ensuite dans la basse Alsace dont le roi voulait
mettre la frontière en état de défense contre une invasion.

Vauban se rendit d'abord à Landau, dont il voulait
faire une place de premier ordre. Mais la guerre ayant
éclaté dans les derniers jours du mois de septembre 1687, Vauban dut suspendre ses travaux de fortification, pour prendre part aux opérations de siége de
cette nouvelle campagne. La plus importante fut la prise

de Philippsbourg, l'une des plus fortes places de la région et même du temps.

Le maréchal de Duras fut chargé du commandement en chef de l'armée, sous les ordres supérieurs du fils de Louis XIV, en personne. En lui envoyant ses instructions, Louvois ajouta : « Sa Majesté s'attend que vous suivrez entièrement les avis de M. de Vauban pour la conduite des tranchées et ce qui regarde les détails des attaques. Comme vous connaissez son expérience et sa capacité, l'intention de Sa Majesté est que vous empêchiez qu'il soit contredit. »

Philippsbourg, que Vauban connaissait bien pour avoir travaillé à sa fortification avant son occupation par les ennemis, fut investi le 27 septembre. Les premiers travaux furent contrariés par le mauvais temps, et le transport de la grosse artillerie devint si difficile que Vauban dut le faire effectuer par le Rhin, au moyen de bateaux qui, pendant une nuit obscure, passèrent sous le feu de la place, sans être aperçus des assiégés. Impatient, comme toujours, Louvois ne cessait de se plaindre des lenteurs du siége ; mais Vauban, qui dans son *Traité de l'Attaque des places*, qu'il appelait « la plus fine marchandise qui fût dans sa boutique, » avait posé ce juste principe : « Que la précipitation dans les siéges ne hâte point la prise des places et la recule souvent, » n'en continua pas moins à mener les opérations comme il l'entendait, sans se préoccuper autrement des impatiences du ministre : « Si l'on avait beau temps, lui écrivait-il, et que l'on pût être servi comme il faut, tout irait le mieux du monde ; mais avoir un front à attaquer d'un quart de lieue d'étendue et très bien fortifié, dont

les accès sont tous entrecoupés de flaques d'eau et de
marais sédentaires, un temps de pluie qui désespère,
beaucoup de nouvelles troupes, des munitions qui ne
viennent que par pièces et morceaux, je vous assure
que ce n'est pas une petite affaire. »

Et un autre jour... « Je suis bien fâché, monseigneur,
de ne pouvoir vous rendre compte plus souvent de ce
que nous faisons, car je sais que cela vous ferait plaisir,
et que de ne le point faire, c'est vous très mal faire ma
cour. J'en suis au désespoir, mais il n'y a remède, car
je suis, pour ainsi dire nuit et jour à mon fait, d'une
manière qui ne peut souffrir de distraction sans que le
service du roi en pâtisse..... Nous avons ici trois cruels
ennemis à combattre : la saison, qui, en deux ou trois
heures de pluie, nous met dans la boue jusqu'au ventre;
la difficulté des accès, qui se réduisent, pour ainsi dire,
à un point près de la place; et la perpétuité des marais,
qui ne laissent aucun choix pour les attaques. D'ailleurs, le gouverneur est un homme qui ne fait point de
fautes. Cependant, avec toutes ces difficultés, pourvu
que le beau temps nous veuille un peu favoriser et que
vous vouliez bien nous laisser faire, j'espère que nous
surmonterons tout, Dieu aidant; mais, il faut se modérer, et, dans les affaires où on reçoit contrariété de toutes
parts, on n'en vient à bout qu'avec de la patience. »

Un des amis de Louvois, le chevalier du Tillet, qui se
trouvait à l'armée, lui écrivait, du reste, dans le même
sens : « M. de Vauban, disait-il, depuis qu'il attaque des
places, n'a jamais eu affaire à un si grand front ni à une
situation si difficile par la qualité du terrain. Cependant
il ne perd pas de temps, n'ayant pas un moment à pou-

voir se tourner. » Et il ajoutait : « Dieu nous le con-
serve, Monsieur, car je suis persuadé qu'il n'y a que lui
capable d'approcher une place comme celle-ci; avec un
autre, vous auriez présentement le quart de votre infanterie tuée ou blessée. »

Ce fut au siége de Philippsbourg que Vauban inventa
le tir à ricochet. Dans ce tir, le projectile, lancé par une
charge moins forte et sous un angle plus ouvert, fait une
suite de bonds et frappe successivement tous les objets
qui se trouvent dans sa direction, au lieu de n'atteindre
qu'un seul but, comme dans le tir ordinaire. « La batterie à ricochet, que sans doute vous aurez traitée de
visionnaire et de ridicule, écrivait à ce sujet Vauban à
Louvois, a démonté six ou sept pièces de canon, fait
déserter l'un des longs côtés de l'ouvrage à corne et
toute la face d'un des bastions opposés aux grandes
attaques, si bien qu'on n'en tirait plus. »

Enfin, après vingt-deux jours de tranchée, Philippsbourg capitula. La joie fut grande à la cour, lorsqu'on
apprit la chute de cette place formidable et Louis XIV
écrivit à Vauban, en lui envoyant une riche gratification
en or : « Vous savez, il y a longtemps, ce que je pense
de vous et la confiance que j'ai en votre savoir et en votre
affection. Croyez que je n'oublie pas les services que
vous me rendez, et ce que vous avez fait à Philippsbourg
m'est fort agréable. Si vous êtes aussi content de mon
fils qu'il l'est de vous, je vous crois fort bien ensemble (1), car il me paraît qu'il vous connaît et vous estime
autant que moi. Je ne saurais finir sans vous recomman-

(1) « Nous sommes fort bien, Vauban et moi, écriv, it, de Philippsbourg,
le dauphin à son père, parce que je fais tout ce qu'il veut. »

der absolument de vous conserver pour le bien de mon service. »

Le duc de Montausier, ancien gouverneur du dauphin, écrivit au prince une lettre de félicitations, commençant par ces mots : « Monseigneur, je ne vous fais point de compliment sur la prise de Philippsbourg : vous aviez une bonne armée, des bombes, du canon et Vauban... » Ajoutons que quelques temps avant le siége de Philipps-bourg, Louis XIV, réparant enfin l'injustice qu'il avait commise lors du siége de Luxembourg, avait nommé Vauban à ce grade de lieutenant-général que lui avait décerné, depuis quatre ans, l'opinion publique dans tout le royaume et même en Europe.

Le lendemain même de la prise de Philippsbourg, Vauban partit pour Manheim, dont le siége avait égale-ment été décidé. Louvois lui écrivit aussitôt : « Je vous répète ce que je vous ai déjà mandé, par commandement exprès du roi, qui est que Sa Majesté vous défend de mettre le pied à la tranchée. » Mais, n'écoutant que son zèle, Vauban ne tenait aucun compte des ordres du roi et de son ministre concernant sa personne, ainsi qu'en témoigne la lettre suivante adressée à Louvois, de Manheim, le 16 novembre par un officier de l'armée royale, M. de Saint-Pouange : « On n'a pas pu empêcher M. de Vauban, quelque ordre qu'on lui ait donné, d'aller à l'ouverture de la tranchée. Il a un zèle et une applica-tion si grands pour le service du roi, qu'il croit que s'il ne se donnait pas les soins et les peines qu'il prend, les ordres qu'il donne aux ingénieurs ne seraient pas exécutés aussi bien qu'il le croit nécessaire. »

Vauban profita du siége de Manheim pour faire de

nouveaux essais du tir à ricochet qu'il venait d'expérimenter à Philippsbourg. Ces essais ne furent pas moins
heureux que les premiers, si l'on en croit le passage
suivant d'une lettre de Vauban à Louvois : « La batterie
à ricochet, qui n'a servi qu'un jour, a démonté quatre à
cinq pièces, en a fait abandonner six ou sept autres qui
tourmentaient notre batterie principale, et a persécuté
les assiégés, qu'elle allait chercher dans des endroits
où l'on ne voyait que le ciel. »

Manheim, capitula après quinze jours de siége et
une place voisine, Frankenthel, que Vauban attaqua
aussitôt après, au bout de trois jours seulement. Ces
deux prises terminèrent la campagne de 1688.

Voulant remercier d'une façon particulière le grand
ingénieur du précieux concours qu'il lui avait prêté pendant cette glorieuse campagne, le dauphin lui remit une
gratification de mille louis sur sa propre cassette, plus
une autre de deux mille pistoles sur la cassette du roi
et lui dit devant tout son entourage : « Monsieur de Vauban, choisissez parmi les pièces d'artillerie, conquises
pendant cette campagne, quatre pièces que je vous
donne, en souvenir de vos bons services. »

CHAPITRE VI

I

Les travaux incessants auxquels Vauban se livrait sans relâche depuis près de quarante ans, les fatigues des siéges et des voyages, avaient profondément altéré sa constitution cependant si robuste; aussi, dans les dernières semaines de l'année 1689, il tomba malade et dut rentrer à Paris pour se soigner. Il alla ensuite achever le rétablissement de sa santé dans son pays natal, où il resta pendant la plus grande partie de l'année 1690. Mais, dès qu'il apprit les préparatifs de la campagne 1691, il se rendit auprès de Louvois, pour lui offrir ses services.

Cette campagne fut marquée par le siége de Mons que Louis XIV dirigea, en personne, avec Vauban. Le siége dura du 21 mars au 8 avril, et le roi fut tellement ravi des services de son ingénieur, que nous lisons dans le journal de Dangeau du lendemain de cette dernière date : « Le roi a donné ce matin à Vauban cent mille francs, et l'a prié à dîner, honneur dont il a été plus touché que de l'argent; il n'avait jamais eu l'honneur de manger avec le roi. »

Louvois mourut le 16 juin 1691, et Vauban ressentit une profonde douleur de la perte de cet homme, avec lequel depuis si longtemps il était en relations continuelles et qui lui avait témoigné, dans ses débuts et durant toute sa carrière, un si vif intérêt, disons même une si vive amitié.

L'année suivante, Louis XIV alla mettre le siége devant Namur. Depuis longtemps, le roi nourrissait ce projet et il avait chargé Vauban de l'étudier d'une manière toute particulière. La place, investie le 24 mai, avait une garnison de 9,000 hommes, et était défendue par le célèbre ingénieur hollandais Cohorn, l'émule de Vauban, qu'on surnommait du reste « le Vauban » des ennemis. Le roi avait amené toute sa cour avec lui; et chaque jour dans l'après-midi, quand la tranchée fut ouverte, les dames de la cour, suivies d'un brillant cortége de courtisans, allaient voir tirer le canon et suivre les péripéties des opérations. Deux brèches furent pratiquées et le corps de place se rendit après une défense de huit jours; mais il restait à prendre le château ou citadelle, appelé aussi le fort Guillaume, car, dit le duc de Saint-Simon dans ses *Mémoires* : « Le célèbre Vau-

ban, l'âme de tous les siéges que le roi a faits, emporta
que la ville serait attaquée séparément du château, contre le baron de Bressé, qui voulait qu'on fît le siége de
tous les deux à la fois, et c'était lui qui avait fortifié la
place. »

Ce nouveau siége demanda vingt-deux jours, pendant
lesquels Vauban se surpassa et les troupes accomplirent
de véritables prodiges de valeurs dont le poète Racine,
qui avait accompagné le roi, nous a laissé le récit dans
ses lettres à son ami Boileau.

Après la prise du fort Guillaume, dit l'historien du
corps du génie, « Cohorn livre avec douleur son ouvrage.
Pensif, les yeux baissés et regardant sa défaite comme
une insulte, il sortait avec le Rhingrave, compagnon de
la défense, suivis tous deux de leurs principaux officiers.
Vauban s'approche, les prévient et les invite à partager
son logement et sa table. Le Rhingrave accepta; mais
Cohorn lève un instant les yeux sur Vauban, les détourne
et s'éloigne. » Le même écrivain a porté ce jugement sur
les deux illustres ingénieurs du XVIIe siècle : « Vauban,
dit-il, n'employait que l'artillerie nécessaire, n'usait de
son influence que pour modérer l'ardeur des soldats,
mettait toute sa gloire à les épargner. Cohorn, accumu-
lant les bouches à feu, tout au désir d'abréger le siége,
d'effrayer les défenseurs, n'économisait ni les dépenses
ni les hommes. Vauban cernait les assiégés. Cohorn
n'était occupé que de les accabler. Vauban avait l'industrie, Cohorn la force. On juge que le premier était un
chef habile, sachant manœuvrer, le second un impé-
tueux, ne songeant qu'à détruire l'ennemi. On admire
l'audace dans Cohorn, dans Vauban la méthode plus sûre

et moins sanglante, en un mot, l'art de détruire soumis et devant sa perfection à l'art de conserver.'»

La grande âme de Vauban ne connaissait pas la jalousie. A une époque, Cohorn ayant été sur le point d'entrer au service du roi de France, Vauban avait été le premier à conseiller à Louis XIV d'attacher à son armée celui que tout le monde considérait, à juste titre du reste, comme son rival. Cohorn, au contraire, piqué de l'affront qu'il avait reçu dans Namur, tâcha toujours de ternir la gloire de Vauban.

Après la prise de Namur, Vauban s'occupa aussitôt de rétablir les fortifications de cette place, sachant bien que Cohorn voudrait prendre la revanche de sa défaite et ferait tout le possible pour amener les ennemis à reprendre la ville qu'il avait dû rendre aux troupes françaises.

II

En 1693, Vauban insista vivement pour qu on assiégeât Charleroi, qui, disait-il, tenait en échec les places de Namur, Dinant, Charlemont, Philippeville, Rocroy, Maubeuge, Avesnes et Mons. Il apporta dans cette opération sa prudence habituelle ; aussi, comme le siége se prolongeait un peu plus qu'ils ne l'eussent voulu, certains officiers de cour s'en plaignirent à Versailles et le roi fit écrire à ce sujet à Vauban. Celui-ci, indigné, répondit aussitôt au ministre Le Pelletier, qui avait remplacé Louvois dans une partie de ses attributions : « Je puis dire que tous sont juges incompétents et très igno-

rants du fort et du faible des places; que si tous les
mauvais raisonnements qui leur échappent se faisaient
le froid et la pluie sur le dos, et dans les endroits où on
tire, ces Messieurs changeraient bientôt de langage. En
un mot, le courage d'un homme qui a les pieds chauds
et qui raisonne en chambre à son aise, quand il n'a pas
l'acte du péril est fort différent de ce même homme-là
quand il s'y trouve; autre chose est d'être brave loin du
péril, et autre chose est de l'être dans le péril... » Charleroi tomba entre nos mains le 13 octobre, après un mois
de siége.

Pendant ces opérations, comme dans toutes les autres
du même genre, un grand nombre d'ingénieurs et de
soldats travaillant sous leurs ordres avaient été tués.
Depuis longtemps, Vauban réclamait la création d'un
corps spécial de sapeurs, pour remplacer les soldats
d'infanterie inexpérimentés qu'on était obligé d'employer
dans les travaux de siége. Déjà, en 1673, il avait obtenu
de Louvois la création d'une compagnie de mineurs et
en 1677 la création d'un corps spécial d'ingénieurs qu'il
appelait, avec raison, « les martyrs de l'infanterie;
mais, il voulait davantage, il voulait un corps spécial de
sapeurs. «Vous verrez, écrivait-il au ministre, par l'état
de nos pauvres ingénieurs, qu'il y a eu un peu de sang
répandu; mais cela ne se peut autrement; et tant que
le roi ne fera pas sa compagnie de sapeurs que je lui ai
tant de fois proposée, il faut compter que nous en per-
drons toujours beaucoup, et considérablement plus de
soldats et d'officiers, et qu'il en coûtera toujours plus de
temps et d'argent pour réduire les places. » Mais Vauban ne devait pas voir se réaliser ce vœu légitime; le

corps de sapeurs du génie ne fut constitué que longtemps après lui.

Cette même année Louis XIV créa l'ordre de Saint-
Louis, le premier qui ait été uniquement créé pour
récompenser la valeur, les services et les talents militaires. Certains historiens attribuent à Vauban l'idée
première de cette institution; quoiqu'il en soit, l'illustre
homme de guerre fut l'un des *sept* privilégiés qui reçu-
rent le grand-cordon de l'ordre de Saint-Louis, lors de
sa création.

Vers cette même époque, l'Angleterre et la Hollande
ayant résolu de détruire nos ports de la Manche et de
l'Océan, Vauban fut envoyé en Bretagne, avec le titre de
commandant supérieur de la marine et chargé de la
défense des frontières maritimes du royaume. Il mit en
état de défense le port de Brest, au moyen de travaux
qui, dit un historien, « dépassent les forces humaines;
aussi, lorsque la flotte ennemie se présenta devant cette
place pour l'attaquer, essuya-t-elle un sérieux échec et
ses troupes de débarquement durent battre en retraite,
après avoir perdu plus de mille hommes et laissé cinq
cents prisonniers entre les mains de Vauban.

Vauban resta à Brest jusqu'à la fin de l'année 1695.
Ce fut pendant qu'il était retenu par les travaux de défense de cette ville qu'il apprit que Cohorn avait repris
Namur sur le maréchal de Boufflers. S'il avait été dans
la place, il est presque certain que Cohorn ne s'en fût
pas rendu maître.

De Brest, Vauban se rendit à Lille, dont il était toujours gouverneur et qui était sa résidence ordinaire.
Dans le courant de 1696, il entreprit une grande inspec-

tion des frontières et fit, pour ainsi dire, le tour de France, en s'assurant du bon état de toutes les forteres-ses de terre et de mer. Puis, l'année suivante, son ami Catinat l'ayant appelé auprès de lui pour mettre le siége devant Ath, dans les Pays-Bas, il prit la direction des opérations contre cette ville et la conduisit avec une méthode et une habileté qui faisaient l'admiration de tous.

Malgré les remontrances de Catinat, Vauban s'ex-posait sans cesse; aussi, un jour, qu'il se tenait debout dans un cavalier de tranchée, il reçut une balle un peu au-dessus du cœur et tomba inanimé et baignant dans son sang. Fort heureusement, un sac à terre avait amorti le coup et Vauban ayant repris ses sens, après un pre-mier pansement, refusa énergiquement de quitter la tranchée, malgré les supplications de Catinat et de tou ceux qui l'entouraient. La place capitula le 5 juin et Vauban écrivit au ministre : « Je ne crois pas qu'il se soit fait des siéges dans toutes les règles comme celui-ci, où on ait pu réduire en si peu de temps et à si bon mar-ché une aussi excellente place que l'est celle que nous venons de prendre. » En effet, dit le général Ambert, le siége d'Ath semble être le triomphe de Vauban et l'in-génieur militaire peut étudier cette vaste opération comme un modèle.

Pendant ce temps, les plénipotentiaires, réunis à Ryswick, discutaient les conditions de la paix; et parmi les places que la France devait rendre à ses ennemis, on citait alors celles de Luxembourg et de Strasbourg. A cette nouvelle, l'indignation de Vauban ne connut plus de bornes et il écrivit à Racine : « Ces deux places sont

les meilleures de l'Europe; il n'y aurait qu'à les garder;
il est certain qu'aucune puissance n'aurait pu nous les
ôter. Nous perdons avec elles, pour jamais, l'occasion de
nous borner sur le Rhin; nous n'y reviendrons plus, et
la France, après s'être ruinée et avoir consommé un
million d'hommes pour s'élargir et se faire une fron-
ière, maintenant que tout est fait, et qu'il n'y a plus qu'à
se donner un peu de patience pour sortir glorieusement
d'affaire, tombe tout d'un coup sans aucune nécessité...
Est-on assez peu instruit dans les conseils du roi pour
ne pas savoir que les Etats se maintiennent plus par la
réputation que par la force? Si nous la perdons une fois,
nous allons devenir l'objet du mépris de nos voisins,
comme nous sommes celui de leur aversion. On va nous
marcher sur le ventre et nous n'oserons souffler..... De
la manière enfin qu'on nous promet la paix générale, je
la tiens plus infâme que celle de Cateau-Cambrésis, qui
déshonora Henri second, et qui a toujours été considérée comme la plus honteuse qui ait jamais été faite.....
Je n'ai point de termes pour expliquer une si extraordinaire conduite, et quand j'en aurais, je me donnerais
bien garde de les exposer à une telle lettre; brûlez-là,
s'il vous plaît. »

La paix de Ryswick fut signée le 30 octobre 1697 et le
patriotisme de Vauban dut être cruellement atteint,
lorsqu'il en connut les conditions. La France, comme
si elle avait été vaincue, abandonnait toutes ses con-
quêtes ou à peu près; presque toutes les places conquises
si glorieusement par Vauban, retournaient aux ennemis: Luxembourg, Charleroi, Ath, Courtrai, Namur, etc.
Seule, Strasbourg restait à la France !

III

Le traité de Ryswick avait complètement modifié le système de défense du royaume, si laborieusement édifié par Vauban. Aussi, après la signature de la paix, Louis XIV voulut-il consulter celui-ci, pour lui demander les mesures à prendre en conséquence des derniers événements. Après de nombreux entretiens avec le roi, Vauban se mit en route pour inspecter toutes les nouvelles frontières, et à la suite de cette inspection, Vauban proposa d'établir de nouvelles fortifications, à Furnes, à l'embouchure de la Doule, à Charlemont, à Givet, etc. Il profita aussi de ce moment pour étudier le système des camps retranchés auxquels il songeait depuis déjà longtemps et qu'il voulait établir autour des places fortes, afin qu'ils fussent en relations constantes avec celles-ci. Pour en arriver là, Vauban dut insister longuement auprès du roi qui, en vrai Français qu'il était, répugnait à s'abriter pour combattre. « Je sais bien, lui écrivait-il, que vous me direz : Il y a longtemps que cela ne s'est fait ; cela pourrait ternir la réputation de nos armes, et faire connaître aux ennemis qu'on les appréhende. Mais, ce ne sont que des discours ; l'essentiel est qu'il n'arrive pas d'accident à mon armée. C'est pourquoi il vaut mieux reprendre les coutumes anciennes, si on les croit bonnes, que de hasarder pour un faux point d'honneur. »

Les propositions de Vauban furent soumises à un conseil de guerre présidé par le roi ; mais les membres du conseil les repoussèrent, et Louis XIV se soumit à leur décision. Vauban écrivit alors au ministre Le Pelletier, la lettre suivante à laquelle les tristes événements de la fin du règne de Louis XIV vinrent, par la suite, donner pleinement raison : «..... Je vois que nous allons tomber dans une guerre défensive, où on nous fera voir bien du pays si on ne s'accoutume pas davantage à cette manière de guerroyer, pour laquelle je vois qu'on est dans une extrême ignorance en France, d'autant plus dangereuse que, jusqu'ici, on a reçu toutes les propositions que j'ai faites à cet égard, comme autant d'absurdités qui ne méritaient pas d'être écoutées. Dieu veuille que j'aie tort. »

Le 2 janvier 1703, Vauban reçut le bâton de maréchal de France. A ce sujet, plusieurs historiens, Saint-Simon entre autres, ont présenté Vauban comme ayant supplié le roi « de faire réflexion que cette dignité n'était point faite pour un homme de son état, qui ne pouvait jamais commander ses armées, et qui le jetterait dans l'embarras si, faisant un siége, le général se trouvait moins ancien maréchal de France que lui. » C'est là une grande erreur. Non seulement Vauban, comme l'a dit encore Carnot, ne fut pas « élevé malgré lui aux honneurs suprêmes et affligé par un titre qui mît des entraves à son zèle, » mais encore, comme c'était la coutume à cette époque pour la plupart des hommes de guerre, il sollicita lui-même du roi la dignité de maréchal de France. La lettre suivante, conservée au Dépôt des fortifications de Paris, ne laisse aucun doute sur ce point :

« Sire,

» Le bruit qui court d'une prochaine promotion de

maréchaux de France, m'autorise à représenter à Votre
Majesté que ma qualité de lieutenant-général plus ancien que la plupart de ceux qui sont le plus à portée d'y
prétendre, et mes services mieux marqués que les leurs,
dont je ne veux pour témoin que Votre Majesté, me don-
nent lieu d'espérer qu'elle ne me jugera pas indigne de
cette élévation. Après cela, sire, comme je suis absolument dévoué à tout ce qu'il plaira à Votre Majesté de
faire de moi, si elle juge qu'il convienne à son service
que je me borne au caractère dont il lui a plu m'honorer,
je m'y soumets de tout mon cœur et je lui sacrifierai
sans peine toute mon ambition... Mais, au cas que
Votre Majesté juge cette situation nécessaire à son service, qu'elle ait au moins la bonté d'en rendre un témoi-
gnage public qui me disculpe envers ceux qui ne me
croient pas indigne de la qualité de maréchal de
France. »

Saint-Simon dit à ce propos : « Vauban avait fait 53
siéges en chef, dont une vingtaine en présence du roi,
qui crut se faire maréchal de France soi-même et
honorer ses propres lauriers en donnant le bâton à Vauban. Il le reçut avec la même modestie qu'il avait marqué de désintéressement. Tout applaudit à ce comble
d'honneur, où aucun autre de ce genre n'était parvenu
avant lui et n'est arrivé depuis. »

Quelques mois après son élévation au maréchalat,
Vauban fut appelé à diriger les travaux du siége de
Brisach, forte place du Rhin, qu'il avait fortifiée jadis,
et que le duc de Bourgogne, petit-fils du roi, assiégeait
en personne, ayant sous ses ordres, avec Vauban, le
maréchal de Tallart. Lorsque Vauban se présenta de-

vant le prince, celui-ci lui dit : « Monsieur le maréchal, il faut que vous perdiez votre honneur devant cette place : ou nous la prendrons, et l'on dira que vous l'avez mal fortifiée; ou nous échouerons, et l'on dira que vous m'avez mal secondé. — Monseigneur, répondit spirituellement Vauban, on sait comment j'ai fortifié Brisach; mais on ignore et l'on saura bientôt comment vous prenez les places que j'ai fortifiées. » En effet, le siége était commencé depuis le 23 août seulement, lorsque le 5 septembre la place demanda à capituler; ce qui fit écrire par Vauban, toujours modeste, au ministre Chamillard : « Voilà cependant ce terrible Brisach, cette place incomparable réduite en quatorze jours d'attaque, chose inouïe d'une telle place. Il faut avouer que le Seigneur s'est là favorablement mêlé des affaires du roi, et que cette réduction a quelque chose de surprenant qui tient un peu de miracle. » Le miracle, c'était la présence de Vauban qui l'accomplissait, en réalité, car par ses savantes combinaisons, celui-ci avait, suivant l'expression d'un historien militaire, le général Thoumas, fait faire à l'art de l'attaque un pas que la défense n'a pas encore trouvé moyen de compenser entièrement, de nos jours même, malgré les progrès de l'artillerie.

Cependant la présence au siége de Brisach de deux officiers égaux en grade, le maréchal de Vauban et le maréchal de Tallart n'avaient pas été sans soulever quelques petites difficultés dans le service; aussi, Tallart qui était bien en cour et qui, aux côtés de Vauban, disparaissait complétement et ne réunissait aucune gloire, obtint-il du roi de diriger seul le siége de Landau, qui eut lieu l'année suivante. Vauban à qui on avait dissimulé le plus long-

temps possible cette importante entreprise, ressentit de
cette injuste défiance une profonde douleur. « Par tous les
mouvements que je vois faire, écrivit-il au ministre, il me
paraît qu'on va faire un siége considérable... Tout le monde
se remue, il n'y a que moi à qui on ne dit mot ; est-ce donc
que je ne suis plus propre à rien ?... Quoique d'un âge
fort avancé, je ne me condamne pas encore au repos, et
quand il s'agira de rendre un service important au roi,
je saurai bien mettre toutes sortes d'égards à part, tant
par rapport à moi qu'à la dignité dont il lui a plu de
m'honorer, persuadé que je suis que tout ce qui tend à
servir le roi et l'Etat est honorable, même jusques aux
plus petits..... Au nom de Dieu, que le roi ne se fasse
aucune peine sur ma manière de servir ; je ne veux me
mêler que de ce qui regardera la conduite des lignes et
des attaques. Cela ne doit point donner de jalousie à son
général, auquel je serai aussi soumis que le pourrait
être un de ses lieutenants, pourvu qu'il me laisse exer-
cer mon petit ministère, dont j'estime assez le personnage pour ne pas le croire indigne d'application, je ne
dis pas d'un maréchal de France, je dis même d'un
prince tout des plus considérables. Qu'on ne me l'empêche donc point, s'il vous plaît ; le roi me donnerait un
chagrin dont il ne me pourrait jamais guérir. » Ce chagrin ne lui fut pas épargné et Louis XIV lui écrivit, en
vain, deux lettres pleines d'affection, pour lui donner les
raisons de la mesure qu'il prenait ; Vauban n'en conserva
pas moins, au fond du cœur, une douleur des plus profondes.

Néanmoins, aussi grand par le cœur que par l'intelligence, Vauban, qui connaissait mieux que personne la

place de Landau pour l'avoir fortifiée, rédigea un mémoire sur les opérations à entreprendre pour s'en rendre maître et l'envoya à Louis XIV, avec ces admirables lignes : « Puisque, par des raisons qui n'ont pas besoin d'être expliquées, il ne m'est pas permis de conduire les attaques de Landau et de donner en cela de nouvelles marques de mon zèle et de mon affection au service du roi, je veux m'en consoler du mieux que je pourrai, en faisant part de mes vues et de mes lumières à ceux qui doivent tenir ma place, afin que je puisse du moins avoir la satisfaction de n'être pas tout à fait inutile à Sa Majesté dans une affaire aussi importante..... »

Quelle dignité et quelle grandeur d'âme chez cet homme, dont on a pu dire sans exagération aucune, qu'il a été un des plus beaux caractères dont s'honore la France : « Figure noble entre toutes, s'écrie un historien contemporain, près de laquelle paraissent bien petits et bien vulgaires et ces courtisans à l'eau de rose, et ces ministres d'antichambre, et ces généraux en bas de soie, et ces diplomates à bouffettes, et ces littérateurs à encensoir, enfin toute cette plèbe aristocratique qui escortait le souverain et faisait la génuflexion à la première parole qui sortait de sa bouche. »

Vauban avait tout prévu dans son mémoire sur le siége de Landau; Tallart n'eut qu'à suivre, point par point, ses instructions et la place se rendit après vingt-huit jours de siége.

IV

Les années 1705 et 1706 ne furent pas glorieuses pour
les armes françaises. Le prince Eugène et le fameux
général anglais Marlborough, firent essuyer aux généraux de cour de Louis XIV de nombreux échecs.
Philippsbourg, Landau, Sarrebruck, Trèves, Wissem-
bourg, Haguenau et tout le territoire compris entre
Rhin et Moselle nous furent repris. Pendant ce temps,
le meilleur des généraux d'alors, Villars, était employé
dans les Cévennes à combattre les Camisards.

Le 2 février 1705, le roi nomma Vauban chevalier de
l'ordre du Saint-Esprit, lui conférant ainsi le plus grand
honneur que pût alors recevoir un sujet du roi de
France, civil ou militaire. Cette insigne faveur, exclusi-
vement réservée jusqu'alors à la haute noblesse, excita
une vive jalousie à la cour, et Saint-Simon qui, cependant, avait la plus grande admiration pour les talents et
les vertus de Vauban, en parle en ces termes : « Vauban,
qui s'appelait Le Prestre, était du Nivernais; s'il était
gentilhomme, c'était bien tout au plus. Il montra son
frère aîné, pour le premier qui ait servi de leur race.
Rien donc de si court, de si nouveau, de si plat, de si
mince. Voilà ce que les grandes et uniques parties militaires et de citoyen ne pouvaient couvrir dans un sujet
d'ailleurs si digne du bâton et de toutes les grâces que
le seul mérite doit et peut acquérir. » On voit, d'après ce
jugement emprunté à l'une des plus remarquables intel-
ligences, et, en même temps, l'un des caractères les plus

indépendants de l'époque, quels absurdes préjugés régnaient encore sous le grand roi!

En même temps que le collier de l'ordre, Vauban reçut le commandement supérieur de toutes les places de Flandres, alors fortement menacées par l'invasion ennemie, et il se rendit aussitôt à Dunkerque, où il voulait organiser un vaste camp retranché. Mais, dans le même moment, le maréchal de Vendôme, ayant remporté, en Italie, la victoire de Cassano, le siége de Turin fut décidé et Louis XIV conçut le dessein de confier cette importante opération à Vauban. Mais le ministre Chamillard proposa au roi, avec une telle insistance, son gendre, le duc de La Feuillade, l'un des courtisans les plus en vogue d'alors que celui-ci l'emporta.

Ce La Feuillade, de qui Saint-Simon a dit qu'il était « le plus solidement malhonnête qui ait jamais paru, » avait une vanité et une impertinence qui n'avaient d'égale que son incapacité; c'est lui qui, parlant du siége de Philippsbourg, dont on a vu toutes les difficultés, disait que « c'était une affaire de sept jours! » Et au moment du siége de Turin, nous le voyons écrire au ministre l'outrecuidante lettre qui suit : « Ayez confiance en moi, disait-il, vous vous en trouverez mieux et le roi aussi, que de tous les ingénieurs du monde. Il y a des gens nés pour commander, et ces sortes de messieurs là sont faits seulement pour exécuter les ordres qu'on leur donne. »

Louis XIV pria néanmoins Vauban de rédiger un mémoire sur l'attaque de la place, afin que le duc de La Feuillade pût opérer cette attaque suivant les principes qui avaient eu, jusqu'alors, de si heureux résultats. Vauban s'exécuta et il accompagna ce mémoire d'une lettre dans laquelle il disait : « Je suis présentement dans la soixante-treizième année de mon âge, chargé de cinquante-deux ans de service, et surchargé de cinquante siéges considérables et de quarante années de voyages et visites continuelles à l'occasion des places et de la frontière, ce qui m'a attiré beaucoup de peines et de fatigues de l'esprit et du corps, car il n'y a eu ni été ni hiver pour moi. Or, il est impossible que la vie d'un homme qui a soutenu tout cela ne soit fort usée, et c'est ce que je ne sens que trop, notamment depuis que le mauvais rhume qui me tourmente depuis quarante ans s'est accru et devient de jour en jour plus fâcheux par sa continuité; d'ailleurs, la vue me baisse et l'oreille me devient dure, bien que j'aie la tête aussi bonne que jamais. C'est ce qui fait que je n'ose plus me proposer pour les affaires difficiles et de durée, qui demandent la présence continuelle de ceux qui les conduisent. Je n'ai jamais commandé d'armée en chef, ni comme général, ni comme lieutenant-général, pas même comme maréchal de camp; et, hors quelques commandements particuliers, comme ceux d'Ypres, Dunkerque et de la Basse-Bretagne dont je me suis, Dieu merci, bien tiré, les autres ne valent pas la peine d'être nommés. Tous mes services ont donc roulé sur les siéges et la fortification; de quoi, grâce au Seigneur, je suis sorti avec beaucoup d'honneur. Cela étant, comme je le dis au pied de la lettre, il faudrait que je fusse insensé si, aussi voisin de l'âge décrépit que je le suis, j'allais encore voler le papillon et rechercher à commander des armées dans des entreprises difficiles et très épineuses; moi qui n'en ai point d'expérience et qui me sens défaillir au

point que je ne pourrais pas soutenir le cheval quatre
heures de suite, ni faire une lieue à pied sans me re-
poser..... Quant à ce qui regarde mon ministère touchant
la conduite des attaques, je pourrais encore satisfaire,
tant bien que mal, aux fatigues d'un siége et d'une campagne... Si c'est une nécessité absolue que je marche,
je le ferai au préjudice de tout ce qu'on en pourra dire
et de tout ce qui en pourra arriver; le roi me tenant lieu
de toutes choses après Dieu. J'exécuterai toujours avec
joie ce qu'il lui plaira de m'ordonner, quand je saurais
même devoir y perdre la vie... »

Vauban, dit à ce propos Saint-Simon, « fit là une
grande action; il s'offrit au roi et le pressa de l'envoyer
à Turin pour y donner ses conseils et se tenir dans les
intervalles à deux lieues de l'armée, sans s'y mêler de
rien quand il y serait. Il ajouta qu'il mettrait son bâton
derrière la porte, qu'il n'était pas juste que l'honneur auquel le roi l'avait élevé le rendît inutile à son service, et
que, plutôt que cela fût, il aimerait mieux le lui rendre.
Cette offre romaine ne fut point acceptée. Le contraste
de Vauban et de La Feuillade eût été trop grand et l'obs-
curcissement de ce dernier trop accablant. »

Il est inutile d'ajouter que le siége de Turin aboutit
à un épouvantable désastre pour l'armée française.
L'opération traînant en longueur, le prince Eugéne et
le duc de Savoie eurent le temps d'arriver avec une
armée de secours; les troupes royales furent mises en
complète déroute et s'enfuirent pêle-mêle, en abandon-
nant tout le matériel de siége : artillerie, bagages et
munitions. En outre, toutes les places du Piémont furent
reprises par l'ennemi qui envahit ensuite la Provence.

« La prise de Turin eût tout changé, dit fort justement
le général Ambert; mais Vauban, le seul qui pût s'emparer de cette place, avait été sacrifié ! »

Les tristes événements de la fin du règne de Louis XIV
causèrent à Vauban une très douloureuse impression ;
sa santé, déjà ébranlée, s'en ressentit vivement et le
24 octobre 1706, il dut écrire de Dunkerque, où il dirigeait encore de nouveaux travaux, pour demander au
Ministre de la guerre l'autorisation de se retirer du service : « Quand on sort d'un cinquième ou sixième accès
de fièvre tierce, qui s'est convertie en double tierce, on
n'est plus en état de soutenir la gageure. Je vous prie
donc de trouver bon que je vous demande M. d'Artagnan
pour venir me relever ici. »

Vauban se retira donc à Paris, dans son hôtel de la
rue du Dauphin, près l'église Saint-Roch, où il consacra
les derniers jours de sa vie à d'importants travaux
d'économie politique dont nous allons parler dans le
chapitre suivant.

CHAPITRE VII

I

Fontenelle dit, en parlant de Vauban, qu'il est le seul homme de guerre pour qui la paix ait toujours été aussi laborieuse que la guerre. Rien n'est plus vrai et jamais vie d'homme n'a été plus laborieusement remplie que celle de Vauban. Mais, à contempler l'œuvre considérable qu'il a accomplie comme ingénieur, on pourrait croire que l'étude des grandes questions relatives à l'art du génie militaire l'absorbait entièrement. Il n'en est rien; non seulement sa sollicitude embrassait toutes les branches de l'organisation, mais elle s'attachait encore aux questions les moins en rapport avec cette organisation. Le génie de Vauban était, pour ainsi dire, universel.

Vauban suivait de très près les progrès de l'armement

et de l'équipement des troupes, et ce fut surtout grâce à lui que le fusil remplaça alors le mousquet dans notre armée, et que l'usage de la baïonnette y fut adopté. Ni Louvois, ni Louis XIV ne voulaient du fusil et leur résistance dura douze ans. En 1671, Vauban avait inventé un système de mousquet perfectionné à double platine, qu'il soumit à l'administration de la guerre et que celle-ci ne daigna même pas expérimenter. Mais il ne se découragea pas et, quinze ans plus tard, en 1686, il proposa à Louvois un mousquet-fusil dans lequel le serpentin et la pierre ne formaient qu'une seule et même pièce, de façon que si la mèche ne communiquait pas le feu à la poudre, la pierre la remplaçait et remplissait son office. On procéda à des essais de l'arme inventée par Vauban ; mais on en resta là et il fallut qu'à la bataille de Steinkerque, en 1692, les soldats jetassent leurs fusils, afin de prendre les mousquets des ennemis pour décider de cette importante réforme.

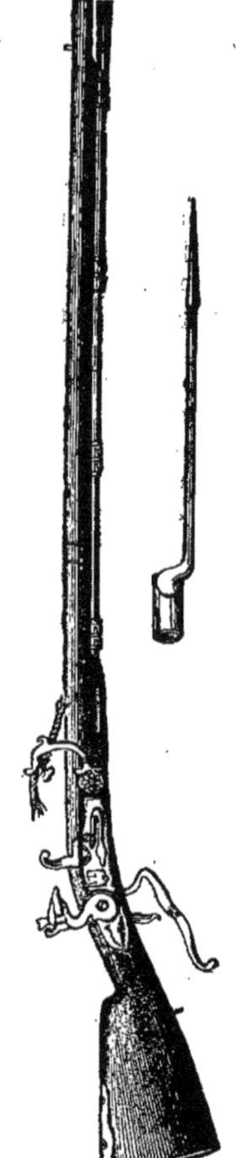

La substitution de la baïonnette à la pique fut l'objet d'une lutte de 25 ans contre l'administration. Louvois ayant appris que les Allemands avaient renoncé à la pique, consulta Vauban à ce sujet.

« La réponse de Vauban, dit M. Michel, ne se fit pas
attendre. Avant Louvois, il s'était préoccupé de suppri-
mer la pique sans avoir recours pour cela au cheval de
frise d'un maniement si difficile et d'une utilité si con-
testable. Vauban proposa à Louvois d'adapter au mousquet ou au fusil une baïonnette dont la douille s'en-
roulerait à l'extrémité du canon et laisserait le tir
parfaitement libre. Vauban est-il, comme on le croit communément, l'inventeur de la baïonnette? Ici, il faut pré-
ciser. Depuis longtemps on connaissait dans l'armée
française la baïonnette. C'était une tige de fer aiguë,
adaptée à un manche de bois, que l'on enfonçait dans le
canon du mousquet. Ainsi modifié, le mousquet devenait
aussi incommode que la pique, sans avoir aucun de ses
avantages. Aussi, les troupes ne se servaient presque
jamais de cette arme, regardée comme un objet de
parade. L'invention de Vauban consiste donc à avoir
substitué la baïonnette à douille, s'enroulant autour du
canon et laissant le tir libre, à la baïonnette à manche,
enfoncée dans le canon du mousquet. »

L'adoption de la baïonnette de Vauban opéra une véritable révolution dans l'armement; dès lors, dit un historien militaire, l'infanterie qui avait toujours été considérée avec mépris par la noblesse, devint décidément la
reine des batailles. « L'arme noble, l'épée, avait trouvé
dans l'arme roturière, la baïonnette, une rivale avec
laquelle il fallait compter. » A la bataille de Hochstett,
en 1703, la victoire fut décidée par des vigoureuses
charges à la baïonnette de l'infanterie française.

Pour en terminer avec les travaux purement militaires
de Vauban, il nous faut encore signaler son remarquable

mémoire ayant pour titre : *De l'importance dont Paris est à la France et du soin que l'on doit prendre de sa conservation*. Dans ce travail, Vauban conseille d'élever de nouvelles fortifications, appropriées aux progrès de l'art moderne, autour de la capitale. « Paris, dit-il, c'est le vrai cœur du royaume, la mère commune des Français et l'abrégé de la France, par qui tous les peuples de ce grand Etat subsistent et de qui le royaume ne saurait se passer sans déchoir considérablement de sa grandeur.

Tous ces travaux de Vauban, comme ses actions, furent dictés par l'amour de la patrie et de la vertu; nul philosophe, a-t-on dit avec raison, ne fut plus intelligent et moins théorique; nul homme au monde ne fut plus digne d'être présenté aux autres comme modèle.

Dans son mémoire sur la noblesse, par exemple, Vauban posait en principe que cette institution devait s'alimenter dans toutes les classes et par tous les hommes ayant marqué par leurs services, leurs talents ou leurs vertus : militaires, industriels, inventeurs, commerçants, hommes de bien, hommes de lettres, etc. Il fallait réellement avoir une grande hardiesse pour oser faire de pareilles propositions à l'époque et dans le milieu où Vauban vivait. Il fallait être doué « d'un sens droit et étendu, qui s'attachait au vrai par une espèce de sympathie, sentait le faux sans le discuter et lui épargnait les longs circuits par où les autres marchent. »

Mais l'ouvrage qui, entre tous, a mérité à Vauban l'admiration de la postérité est son *Projet de dîme royale*.

LA DÎME ROYALE MISE AU PILORI. (P. 129.)

II

Fontenelle, à qui nous sommes toujours obligé de revenir, car son *Eloge de Vauban* a sur toutes les biographies de ce grand Français l'avantage d'avoir été écrit à l'époque même où celui-ci venait seulement de mourir, Fontenelle dit : « Quoique son emploi ne l'engageât qu'à travailler à la sûreté des frontières, son amour du bien public lui faisait porter ses vues sur les moyens d'augmenter le bonheur du dedans du royaume. Dans tous ses voyages, il avait une curiosité dont ceux qui sont en place ne sont communément que trop exempts. Il s'informait avec soin de la valeur des terres, de ce qu'elles rapportaient, de la manière de les cultiver, des facultés des paysans, de leur nombre, de ce qu'il fallait pour leur nourriture ordinaire, de ce que leur pouvait valoir en un jour le travail de leurs mains, détails méprisables et abjects en apparence, mais qui appartiennent cependant au grand art de gouverner. »

En effet, pendant toute la durée de sa longue carrière militaire, Vauban profita de ses voyages sur tout le territoire de la France, pour se livrer par lui-même à une sorte de grande enquête économique dont il condensa les éléments pendant les dernières années de sa vie, pour en arriver au projet de dîme qu'il rédigea et présenta ensuite au roi. Cet important travail avait pour titre : *Projet d'une dîme royale, qui, supprimant la taille, les aydes, les douanes d'une province à l'autre, les décimes du clergé, les affaires extraordinaires, et tous autres impôts onéreux et non volontaires, et diminuant le prix du sel de moitié et plus, produirait au roy un revenu certain et suffisant, sans frais, et sans être à charge à l'un de ses sujets plus qu'à l'autre, qui s'augmenterait considérablement par la meilleure culture des terres.*

Vauban explique tout d'abord les raisons qui l'ont amené à s'occuper d'un pareil travail... « Ça n'a été, dit-il, ni l'envie de m'en faire accroire, ni de m'attirer de nouvelles considérations qui m'ont fait entreprendre cet ouvrage. Je ne suis ni lettré, ni homme de finances, et j'aurais très mauvaise grâce de chercher de la gloire et des avantages par des choses qui ne sont pas de ma possession. Mais je suis Français très affectionné à ma patrie et très reconnaissant des grâces et des bontés avec lesquelles il a plu au roy de me distinguer depuis si longtemps... C'est cet esprit de devoir et de reconnaissance qui m'anime et me donne une attention très vive pour tout ce qui peut avoir rapport à lui et au bien de son Etat.....

» La vie errante que je mène depuis quarante ans et plus, m'ayant donné occasion de voir et visiter plusieurs fois et de plusieurs façons la plus grande partie des provinces de ce royaume, j'ai souvent eu occasion de donner carrière à mes réflexions et de remarquer le bon et le mauvais des pays, d'en examiner l'état et la situation, et celui des peuples, dont la pauvreté ayant souvent excité ma compassion, m'a donné lieu d'en rechercher la cause... Le mal est poussé à l'excès, et, si l'on n'y remédie, le menu peuple tombera dans une extrémité dont il ne se relèvera jamais, les grands chemins de la campagne et les rues des villes et des bourgs étant pleins de

mendiants que la faim et la nudité chassent de chez eux...
Près de la dixième partie du peuple est réduite à la men-
dicité et mendie effectivement..... »

La pensée qui domine tout le projet de Vauban est un
amour profond pour la classe populaire. « Je me sens
obligé d'honneur et de conscience de représenter à Sa
Majesté qu'il m'a paru que, de tout temps, on n'avait pas
eu assez d'égard en France pour le menu peuple et
qu'on en avait fait trop peu de cas; aussi, c'est la partie
la plus misérable du royaume. C'est elle, cependant, qui
est la plus considérable par le nombre et par les services
réels et effectifs qu'elle lui rend... c'est la partie basse
du peuple qui, par son travail et son commerce, et par ce
qu'elle paye au roy, l'enrichit et tout son royaume. C'est
elle qui remplit tous les arts et les métiers; c'est elle
qui fait tout le commerce et les manufactures du royaume; qui fournit tous les laboureurs, vignerons et manœu-
vriers de la campagne; qui garde et nourrit les bestiaux,
qui sème les blés et les recueille; qui façonne les vignes
et fait le vin; et, pour achever de le dire en peu de
mots, c'est elle qui fait tous les gros et menus ouvrages
de la campagne et des villes, et qui fait vivre l'autre
partie. Voilà en quoi consiste cette partie du peuple, si
utile et si méprisée, qui a tant souffert et qui souffre tant
de l'heure que j'écris cecy. »

Et Vauban, s'inspirant de cette situation, expose ainsi
l'économie générale de son projet : « Comme tous ceux
qui composent un Etat ont besoin de sa protection pour
subsister et se maintenir chacun dans son état et sa
situation naturelle, il est raisonnable que tous contri-
buent aussi, selon leurs revenus, à ses dépenses et à son

entretien.... Rien n'est donc si injuste que d'exempter de cette contribution ceux qui sont le plus en état de payer, pour en rejeter le fardeau sur les moins accommodez, qui succombent sous le faix ; lequel serait d'ailleurs très léger, s'il était porté par tous à proportion des forces d'un chacun.....

» Etant tous également sujets et sous la protection du roy et de l'Etat, chacun a une obligation spéciale de contribuer à ses besoins, à proportion de son revenu... car, d'autant plus qu'une personne est élevée au-dessus des autres par sa naissance ou par sa dignité, ou qu'elle possède de plus grands biens, d'autant plus elle a besoin de la protection de l'Etat et a-t-elle intérêt qu'il subsiste en honneur et en autorité, ce qui ne se peut faire sans grandes dépenses. Il n'y a donc qu'à débrouiller le revenu de chacun, et le mettre en évidence, afin de voir comment il doit être taxé.....

» Ecclésiastiques ou laïques, nobles ou roturiers, tous ont la même obligation envers le roy et l'Etat ; c'est pourquoi tous doivent contribuer, à proportion de toutes les sortes de biens qu'ils reçoivent, à son entretien et à sa conservation, et particulièrement de celui qui leur vient tout fait..... Tout privilége qui tend à l'exemption de cette contribution est injuste et abusif, car il n'est pas juste que le corps souffre, pour mettre quelques-uns de ses membres plus à l'aise que les autres. »

« ... Le pauvre peuple en faveur duquel ce systéme est proposé, ajoute Vauban, n'ayant aucun accès près de Sa Majesté, il est toujours exposé à l'avarice et à la cupidité des autres, toujours au bout de ses affaires, jusqu'à être le plus souvent privé des aliments néces-

saires au maintien de sa vie; toujours exposé à la faim,
à la soif, à la nudité, et, pour conclusion, réduit à une
misérable et malheureuse pauvreté, dont il ne se relève
jamais. Or, l'établissement de la dîme royale prévien-
drait infailliblement toutes ces misères, et réparerait
bientôt le désordre. On n'y verrait pas tant de grandes
fortunes, à la vérité, mais on y verrait moins de pauvres;
tout le monde vivrait avec commodité, et les revenus du
roy augmenteraient tous les ans à vue d'œil, sans être à
charge et faire tort à l'un plus qu'à l'autre. »

Vauban développe ensuite son projet, lequel, imprimé,
forme un volume qui n'a pas moins de 300 pages; il
calcule l'étendue des provinces, la qualité des terres,
leurs productions, le nombre des habitants, la moyenne
des salaires, les impositions, etc., etc.; tout cela accompagné de tables statistiques établies avec le plus grand
soin, et venant à l'appui des raisonnements exposés. Il
donne la liste de toutes les catégories de gens exemptés
de l'impôt qui devront y rentrer; puis il détaille les
quatre fonds, qui doivent composer le système d'impôts
qu'il propose : 1° le dixième de tous les produits de la
terre ; 2° le dixième des revenus des maisons, moulins et
établissements d'industrie, des rentes, des pensions,
des gages, des appointements, en un mot de tous les revenus possibles; le 3° fonds comprenait l'impôt sur le
sel et le 4° les douanes extérieures, les amendes, les
confiscations, le papier timbré, les forêts, les postes, etc.

Dans son système, ainsi que le fait très justement remarquer le général Ambert, lequel est cependant quelque peu suspect de partialité à son égard en pareille
matière, Vauban multipliait peut-être les impôts, mais

il diminuait chacun d'eux, jusqu'à les rendre presque insensibles, et comme nul n'en était exempt, le peuple éprouvait un soulagement considérable. Aussi beaucoup d'historiens considèrent-ils Vauban comme un des précurseurs directs du grand mouvement social de 1789. « Bien avant la convocation des Etats-Généraux et les revendications si légitimes et si politiques du Tiers-Etat, dit M. Georges Michel, Vauban a combattu contre l'inégalité des charges, contre les abus des priviléges ; il a réclamé l'égalité devant la loi, la liberté de conscience, et des garanties contre les empiètements des classes privilégiées... Homme de l'ancien régime par son nom, son milieu, ses alliances, autoritaire par profession, il a fallu à Vauban un rare courage pour s'affranchir des préjugés de son temps, et un génie vraiment extraordinaire, pour comprendre et formuler les conditions d'existence et de développement de la société moderne. Il a vu juste et loin. » Vauban, a dit un économiste, M. G. Renaud, « est le premier démocrate qu'ait eu la France. »

III

Comme on le pense bien, un pareil projet était appelé à rencontrer de vives, de nombreuses et surtout de puissantes oppositions. Vauban ne se l'était d'ailleurs point dissimulé et dans un passage de son Mémoire au roi, il avait écrit ceci : « Il y aurait de la témérité à prétendre que ce système put être généralement approuvé. Il intéresse trop de gens pour croire qu'il puisse plaire à tout

le monde. Il déplaira aux uns, parce qu'ils jouissent
d'une exemption totale, tant pour leurs personnes que
pour leurs biens, et que ce système n'en souffre absolument aucune, telle qu'elle soit; aux autres, parce qu'il
leur ôterait les moyens de s'enrichir aux dépens du
public, comme ils ont fait jusqu'à présent; et à d'autres
encore, parce qu'il leur ôtera une partie de la considération qu'on a pour eux, en diminuant ou supprimant
tout à fait leurs emplois ou les réduisant à très peu de
chose..... C'est pourquoi on ne doit pas être surpris si la
critique la plus mordicante se déchaîne pour le décrier;
mais je suis d'avis de la laisser dire et de ne s'en point
mettre en peine. Quand un grand roi a la justice de son
côté, jointe au bien évident de ses peuples, et deux cents
mille hommes armés pour le soutenir, les oppositions
ne sont guère à craindre. »

Et Vauban énumère les catégories d'opposants :
« D'abord messieurs des finances, dont une grande partie
sera supprimée, tant le recouvrement sera facile, l'administration simplifiée, et les friponneries impossibles.
Les fermiers généraux, parce qu'on y verra plus clair
que par le passé. Les traitants et gens d'affaires, parce
que le contrôle deviendra tout simple et que les profits
cesseront. »

« Messieurs du clergé ne l'approuveront peut-être pas
tout à fait, parce que, le roi se payant par ses mains, il
ne sera plus obligé de les assembler et de leur faire aucune demande, non plus qu'aux autres corps de l'Etat. »

Enfin « la noblesse, qui ne sait pas toujours ce qui lui
convient le mieux, s'en plaindra aussi; mais nous lui
rappelons que c'est une obligation naturelle aux sujets

de toute condition de contribuer, sans qu'aucun d'eux puisse s'en dispenser. »

Vauban avait prévu juste. Cependant, ni le clergé ni la noblesse ne se montrèrent, en général, trop hostiles à son projet. Ecoutons, du reste, Saint-Simon : « Ce livre, dit-il, avait un grand défaut : il donnait à la vérité au roi plus qu'il ne tirait par les voies jusqu'alors pratiquées; il sauvait aussi les peuples de ruines et de vexations, et les enrichissait en leur laissant tout ce qui n'entrait point dans les coffres du roi, à peu de chose près; mais il ruinait une armée de financiers, de commis, d'employés de toute espèce; il les réduisait à chercher à vivre à leurs dépens, et non plus à ceux du public, et il sapait par les fondements ces fortunes immenses qu'on voit naître en si peu de temps. C'était déjà de quoi échouer.

» Mais le crime fut qu'avec cette nouvelle pratique, tombait l'autorité du contrôleur général (des finances), sa faveur, sa fortune, sa toute-puissance, et, par proportion, celle des intendants de provinces, de leurs secrétaires, de leurs commis, de leurs protégés, qui ne pourraient plus faire valoir leur capacité et leur industrie, leurs lumières et leur crédit, et qui, de plus, tombaient du même coup dans l'impuissance de faire du bien ou du mal à personne. Il n'est donc pas surprenant que tant de gens si puissants en tous genres, à qui ce livre arrachait tout des mains, ne conspirassent contre un système si utile à l'Etat, si heureux pour le roi, si avantageux aux peuples du royaume, mais si ruineux pour eux. Toute la robe en rugit pour son intérêt..... Il n'y eut que les impuissants et les désintéressés pour Vauban, je veux dire l'Eglise

et la noblesse ; car, pour les peuples, qui y gagnaient
tout, ils ignorèrent qu'ils avaient touché à leur salut que
les bons bourgeois seuls déplorèrent. »

Vauban avait donc eu grandement raison lorsqu'il
avait, avec sa franchise ordinaire, terminé sa nomencla-
ture des opposants à son projet par ces mots : « La
dîme royale sera combattue par tous ceux qui savent
pêcher en eau trouble et s'accommoder aux dépens du
roi et du public. Ils n'approuveront point un système
incorruptible, qui doit couper à la racine toutes les
pilleries et malfaçons qui s'exercent dans le royaume
pour la levée des deniers de l'Etat. Pour conclusion, on
ne doit s'attendre qu'à l'approbation des véritables gens
de bien et d'honneur, des intéressés et un peu éclairés,
parce que la cupidité de tous les autres se trouvera lésée
dans cet établissement. »

Malheureusement, les « véritables gens de bien et
d'honneur » étaient alors moins puissants à la cour de
Louis XIV que « les pêcheurs en eau trouble, » et Vauban n'allait pas tarder à en faire la douloureuse expérience.

Vauban avait commencé la rédaction de son travail
en 1697 ; il l'avait terminé en 1699, et en avait adressé
un manuscrit au roi et un autre au contrôleur général
des finances, Chamillard, et celui-ci s'était même risqué
à essayer de mettre en application quelques-unes des
théories émises par le maréchal, ce qui a fait penser que
le roi n'avait pas dû voir d'un mauvais œil la tentative
de réforme préconisée par la *Dîme royale*. Il paraît donc
probable, comme le fait remarquer M. Michel, que « le
roi laissé à lui-même, n'ayant d'autre guide que son bon

sens et son désir très réel d'apporter quelques modifications à une situation qui empirait tous les jours, eût
accepté sans colère et sans trop de répugnance un plan
de réforme financière dont il ne pouvait méconnaître la
justesse. Plus tard, le roi, trompé par les rapports enve-
nimés de ses agents, circonvenu par les réclamations
furibondes des traitants, ne s'opposera pas à la proscription des théories dont l'application lui avait semblé
bienfaisante; mais il n'en est pas moins vrai que son
premier mouvement avait été bon et qu'il avait subi
l'ascendant qu'exerce toujours sur les esprits non pré-
venus des idées sages exprimées dans un langage
modéré. »

En 1704, Vauban fit déposer un nouveau manuscrit
relié de la Dîme dans le cabinet du roi; Saint-Simon dit
bien qu'il le remit lui-même à Louis XIV, et que celui-ci
le reçut fort mal, mais cette version ne paraît pas fondée. Ce qui est certain, c'est que, voyant qu'après quelques timides tentatives de mise en application faites
dans l'origine par Chamillard, son projet paraissait être
complètement mis à l'écart; le maréchal se décida à le
faire imprimer, de manière à pouvoir lui donner une certaine publicité. On sait qu'à cette époque aucun livre ne
pouvait paraître sans le privilége royal, lequel était
délivré par le chancelier sur le rapport du lieutenant
général de police; or, le premier était alors le marquis
de Pontchartrain, et le second le vicomte d'Argenson,
tous deux complètement inféodés au parti de la haute
finance, contre laquelle s'élevait si énergiquement la
Dîme royale. Il était donc inutile de demander l'autorisation d'imprimer à ces deux hommes qui l'eussent infail-

liblement refusée. Aussi Vauban s'entendit-il secrète-
ment avec un imprimeur de Rouen, qui lui imprima son
livre, sans l'autorisation royale.

Les exemplaires de ce premier tirage, qui ne portaient
pas de nom d'auteur, furent distribués par Vauban dans
son entourage, dans les premiers mois de l'année 1707,
et ils furent répandus dans les salons où le projet du
maréchal devint bientôt l'objet de toutes les conversa-
tions, et où il produisit même une assez grande émotion,
recevant notamment de la petite noblesse et du bas
clergé un accueil des plus favorables. Mais les gens de
Cour et Messieurs de la finance s'en montrèrent, au contraire, profondément irrités et les ministres, pour la
plupart leurs créatures, ne parlèrent de rien moins que
de faire enfermer à la Bastille l'auteur d'un ouvrage
aussi subversif, et de faire brûler le livre par la main du
bourreau. « On fit entendre au roi, dit le général Ambert,
que son autorité était méconnue, et qu'un maréchal de
France, comblé de ses bienfaits, osait discuter ses droits
et lui prescrire des devoirs. L'attachement du roi pour
Vauban, l'estime qui lui accordait, la reconnaissance
des services rendus, sa confiance dans un vieux serviteur, tout se réunit pour arrêter Louis XIV, prêt à céder.
Il résista aux insinuations des courtisans et ne répondit
pas aux calomnies des financiers. Mais, peu à peu, in-
sensiblement, le roi prêta une oreille plus complaisante
aux accusateurs. » Dès lors, ajoute Saint-Simon, les
services de Vauban, « sa capacité militaire, unique en
son genre, ses vertus, l'affection que le roi y avait mise,
jusqu'à croire se couronner de lauriers en l'élevant, tout
disparut à ses yeux; il ne vit plus en lui qu'un insensé

pour l'amour du public, et qu'un criminel qui attentait à l'autorité de ses ministres, par conséquent à la sienne; il s'en expliqua de la sorte, sans ménagement.

« L'écho en retentit plus aigrement encore dans toute la caste offensée, qui abusa sans aucun ménagement de sa victoire; et le malheureux maréchal, porté dans tous les cœurs français, ne put survivre aux bonnes grâces de son maître, pour qui il avait tout fait, et mourut peu de mois après, ne voyant plus personne, consommé (*sic*) de douleur et d'une affliction que rien ne put adoucir, et à laquelle le roi fut insensible, jusqu'à ne pas faire semblant de s'apercevoir qu'il eût p erdu un serviteur si utile et si illustre. Il n'en fut pas moins célébré par toute l'Europe et par les ennemis mêmes, ni moins regretté en France de tout ce qui n'était pas financier ou suppôt de financier. »

Saint-Simon nous donne là un récit un peu trop sommaire des derniers jours de Vauban; voici exactement dans quelles circonstances ce grand homme de bien mourut : Le 14 février 1707, le chancelier fit signer au conseil du roi l'arrêt qui condamnait la Dîme royale. Le roi ne put se résoudre cependant à faire enfermer, comme on le demandait, le maréchal de Vauban à la Bastille; mais il signa la proscription du livre dont celui-ci était l'auteur et le lieutenant de police se mit immédiatement en devoir d'exécuter cet arrêt, dont voici le texte : « Sur ce qui a été présenté au roi, qu'il se débite à Paris un livre portant pour titre : *Projet d'une Dîme royale*, etc., imprimé en 1707, sans dire en quel endroit, et distribué sans permission ni privilége, dans lequel il se trouve plusieurs choses contraires à l'ordre et à l'usage du royaume..... le roi, en son conseil, ordonne qu'il sera fait recherche dudit livre, et que tous les exemplaires qui s'en trouveront seront saisis et confisqués, et mis au pilon..... »

Le lieutenant de police chargea un commissaire, nommé Delamarre, de poursuivre l'affaire; et comme celui-ci lui disait : « Mais, si ce qu'on dit est vrai, toute la preuve retombera sur M. de Vauban. » Il répondit : « Quand il s'agit de recevoir les ordres du roi, ce n'est pas à nous à prévoir les conséquences. » Delamarre se rendit alors chez une veuve Fétil, relieur, chez laquelle Vauban faisait relier ses volumes, et opéra la saisie des quelques exemplaires qu'elle possédait, le maréchal ne lui en remettant jamais que fort peu à la fois.

Cependant Vauban ignorait, et l'arrêt qui avait frappé son livre et les recherches de police dont celui-ci était l'objet depuis plusieurs jours déjà, lorsque le 24 mars, dans la matinée, la veuve Fétil vint le trouver dans son cabinet, où il travaillait avec son secrétaire, l'abbé de Beaumont, et lui apprit les poursuites ordonnées par le roi. « Le vieillard porta les mains à son front, dit un historien, et murmura quelques paroles inintelligibles. Puis s'adressant à l'abbé de Beaumont, il lui dit : « Pourquoi m'avoir tenu dans l'ignorance? » L'abbé ne répondit pas; mais, frappé de l'altération des traits de Vauban, il s'approcha pour le soutenir. « Moi, poursuivi! » répétait le maréchal. Et il se laissa tomber dans un fauteuil, la tête inclinée sur la poitrine, le regard fixe, le corps inerte. Vers trois heures de l'après-midi, il se leva lentement et changea de place les feuilles imprimées, voulant les cacher plus soigneusement encore.

Pendant qu'il accomplissait ce soin, l'abbé de Beaumont remarqua que les mains du vieillard tremblaient. Il se laissa conduire près de son lit, et se coucha sans vouloir prendre aucune nourriture. Sa pâleur était extrême et ses forces diminuaient... Le lendemain vendredi et le jour suivant, la faiblesse du malade augmenta, et son médecin prit quelque inquiétude..... Le malade gardait le lit depuis six jours, lorsque, le mercredi 30 mars, l'agonie commença..... et un peu avant dix heures du matin, le maréchal de Vauban rendit son âme à Dieu. »

« Pendant cette maladie d'une semaine, ajoute le général Ambert, le roi n'envoya pas une seule fois prendre des nouvelles du vieux serviteur auquel il devait une partie de sa gloire! Durant les longues nuits d'insomnie, le malade ne cessait de prononcer le nom du roi, son maître. Ce fut le lendemain, que Louis XIV apprit à Versailles la mort du meilleur de ses sujets. Sans donner le moindre signe d'émotion, le roi prononça ces paroles : « Je perds un homme fort affectionné à ma personne et à l'Etat. »

Nous devons cependant faire remarquer que le *Journal de Dangeau* dit expressément que Fagon ayant, le 28 mars, averti Louis XIV, à son dîner, que le maréchal se mourait et demandait qu'on lui envoyât le médecin de Monseigneur, « le roi ordonna que Boudin (le médecin) partît sur-le-champ et parla de M. de Vauban avec beaucoup d'estime et d'amitié. Il le loua sur beaucoup de chapitres. »

Quoiqu'il en soit, il est impossible de ne pas voir une relation directe entre la mort de Vauban et les rigueurs provoquées par les ministres de Louis XIV et sanction-

LE TOMBEAU DE VAUBAN AUX INVALIDES. (P. 143.)

nées par lui-même contre l'œuvre de celui-ci. « N'avoir
jamais eu, en effet, d'autre mobile que la grandeur du
roi, la prospérité de la nation; avoir prodigué à cette
cause sacrée son sang, sa vie, les ressources de son
génie; avoir poursuivi avec une invincible espérance la
recherche de la vérité, avoir osé proclamer cette vérité,
non dans un but de gloire personnelle ou dans un esprit
d'opposition, mais pour soulager les maux du peuple,
faire cesser d'intolérables abus, consolider par d'utiles
et prévoyantes réformes une monarchie plusieurs fois
séculaire; et se voir poursuivi par la police, traité
comme un perturbateur de la paix publique; voir détruire
sous ses yeux le fruit de quarante années de travaux, de
recherches, de méditations, n'y a-t-il pas là de quoi
abattre, dit l'historien par excellence de Vauban,
M. Michel, l'âme la plus forte et ruiner jusque dans ses
fondements une constitution déjà ébranlée par quarante
années de campagnes incessantes? »

V

Vauban avait exprimé le désir d'être inhumé à
Bazoches, dont il affectionnait tant le séjour quand il
pouvait par hasard échapper aux nombreuses préoccupations de son état. Son corps y fut transporté, et le
16 avril 1707, il fut inhumé dans une des chapelles de la
modeste église du village.

Le maréchal, qui s'était marié en 1660, après la paix
des Pyrénées, avec une jeune fille du Morvan, Mlle d'Au-
ray, laissait deux filles, mariée l'une au comte de

Mesgrigny, ingénieur, qui servit brillamment sous les ordres de son beau-père; l'autre au marquis d'Usse. Les deux gendres du maréchal, qui lui avaient prodigué leurs soins pendant les derniers jours de sa vie, mirent à l'abri des perquisitions de la police les exemplaires de la *Dîme royale* qui a pu ainsi parvenir jusqu'à nous et nous permettre de juger combien Saint-Simon avait raison lorsqu'il appelait Vauban « le plus honnête homme du royaume » et « le plus vertueux de son siècle. »

Le 26 mai 1808, Napoléon, qui était un grand admirateur de Vauban, fit transporter sous le dôme des Invalides, près du corps de Turenne, le cœur de l'illustre maréchal. La cérémonie se fit en grande pompe; toute l'armée de Paris y assista; le cœur de Vauban fut porté aux Invalides sur un char orné d'armes et de drapeaux enlevés aux ennemis de la France dans les places conquises par la Grande-Armée. L'année suivante, Napoléon fit placer sur la tour du château d'Epiry, propriété de la femme de Vauban, l'inscription suivante : « Ici fut la demeure de Vauban; il y médita les travaux qui l'ont rendu immortel. La France reconnaissante a déposé le cœur de ce grand homme non loin des restes de Turenne, sous le dôme des Invalides. »

Depuis que Fontenelle a prononcé devant l'Académie des sciences, l'éloge de son illustre contemporain, cet éloge a souvent été proposé par nos grands corps savants, notamment par l'Académie française, dont Carnot fut, à cette occasion, un des lauréats. Un autre des lauréats de l'illustre compagnie, M. Gaillard, a écrit sur Vauban les lignes suivantes qui résument admirablement cette

vie si bien remplie, dans laquelle on chercherait vaine-
ment une faiblesse; ce caractère antique, dans lequel
toute la gloire du soldat paraît s'effacer devant celle du
citoyen : « Otez à Vauban, dit-il, ses talents, ses travaux,
ses fortifications, ses siéges, il lui restera ses vertus;
dépouillez-le de sa gloire, il faudra encore lui donner le
prix de la bonté, du meilleur citoyen, du plus tendre ami
de l'humanité. Jamais personne n'a aussi constamment
mis en pratique que lui la maxime plus citée que suivie :
« Je suis homme et rien d'humain ne m'est étranger. »

Mais le plus bel éloge de Vauban qui ait été prononcé,
se trouve encore dans ces simples paroles du colonel
Carrion-Nisas : « A force de génie, il se fit pardonner
ses vertus. »

FIN.

TABLE